Hermann Hoffmann

Phaenologische Untersuchungen

Hermann Hoffmann

Phaenologische Untersuchungen

ISBN/EAN: 9783744604604

Hergestellt in Europa, USA, Kanada, Australien, Japan

Cover: Foto ©ninafisch / pixelio.de

Weitere Bücher finden Sie auf **www.hansebooks.com**

PROGRAMM

SR. KÖNIGL. HOHEIT DEM GROSSHERZOGE VON

HESSEN UND BEI RHEIN

LUDEWIG IV

ZUM 25. AUGUST 1887 GEWIDMET

VON

RECTOR UND SENAT DER LANDESUNIVERSITÄT.

PHAENOLOGISCHE UNTERSUCHUNGEN

VON

DR. HERMANN HOFFMANN,

GEHEIMER HOFRATH, ORD. PROFESSOR DER BOTANIK AN DER
LANDES-UNIVERSITÄT.

GIESSEN, 1887.

E. V. MÜNCHOW, UNIVERSITÄTS-DRUCKEREI.

I. Phaenologie und Wetterprognose.

Es gibt wenig Dinge, die ein so allgemeines Interesse haben, als das Wetter, von welchem wir Alle in ernsten und heiteren Angelegenheiten im höchsten Grade abhängig sind; und als höchster der Wünsche wurde von jeher in dieser Beziehung betrachtet, das künftige Wetter voraus zu wissen, um danach seine Massregeln ergreifen zu können. Die zahlreichen Auflagen des hundertjährigen Kalenders, — eines nach unseren jetzigen Anschauungen ganz werthlosen Machwerks — sind ein Beweis von der Tiefe dieses Bedürfnisses, sowie von der Zähigkeit des Festhaltens an, wenn auch unbewiesenen, Glaubenssätzen. Es ist einleuchtend, dass diese Kenntniss einen Einfluss ohne Gleichen auf unser ganzes Gesellschafts-Leben äussern und eine fundamentale Aenderung in unseren gesammten Einrichtungen herbeiführen würde.

Schon die Alten hatten ihre Wetterregeln[*]) und auch heute noch leben deren viele im Volke, namentlich unter Denjenigen, welche wie Jäger und Landleute theils ein ganz besonderes Interesse an der Witterung haben, theils durch beständigen Aufenthalt im Freien besondere Aufforderung und Gelegenheit zum Beobachten. Sie betreffen u. A. das Benehmen der Bienen und Spinnen, die Zeit des Vogelzuges[**]) u. dergl. mehr, und es verdienen diese Bauernregeln wiederholte Prüfung auf Grund des nun reichlicher zu Gebote stehenden Beobachtungsmaterials.

*) s Kastner (Archiv f. Chem. u. Met., VII. 1830, S. 211, Nürnberg).
**) Ich habe bez. des Vogelzuges eine Untersuchung ausgeführt, welche ein negatives Resultat ergeben hat. (Vergl. Oesterr. landw. Wochenblatt, 1878 No. 29, S. 326.)

1*

In neuerer Zeit ist durch Ausnutzung der Telegraphie ein Fortschritt erzielt worden, welcher die Wetter-Prognose auf kurzen Termin wesentlich gefördert hat, namentlich mit Rücksicht auf herannahende Stürme.

Aber auch die Voraussage auf längere Zeiträume ist wiederholt in Angriff genommen worden, und zwar, wie es scheint, nicht ganz ohne Erfolg. So von Eisenlohr (1847), Köppen, Hellmann, Hann, Meyer *). Diese Forscher gehen von der auf umfassende, zum Theil über 100jährige Wetterstatistik in Mitteleuropa begreifende Thatsachen begründeten These aus, dass in einer grossen Mehrzahl von Fällen einem Sommer von bestimmtem Charakter ein Winter von bestimmtem Charakter — wenn auch mit anderem Vorzeichen — folge; und umgekehrt bezüglich Winter und Sommer. Ich begnüge mich hier damit, zur Veranschaulichung einige der gewonnenen Hauptsätze hervorzuheben.

Hellmann sagt: nach einem (mässig warmen) warmen Sommer folgt am wahrscheinlichsten ein (mässig milder / kalter) Winter. Er versteht unter Winter die Zeit vom November bis Februar und nennt ihn mässig streng oder kalt, wenn die mittlere Abweichung dieser 4 Monate 0° bis $-1,5^{\circ}$ C. $(-1,2^{\circ}$ R.) beträgt; sehr streng: bei mehr als $-1,5^{\circ}$ C. Abweichung. Als Sommer wird die Zeit vom 1. Juni bis 30. September verstanden und er ist mässig warm, wenn die Abweichung 0° bis $3,6^{\circ}$ C. über Mittel beträgt; sehr warm bei $+3,6^{\circ}$ bis $7,0^{\circ}$ Abweichung.

Auf einen mässig warmen Sommer folgte nun ein

    warmer Dezember in 74 Fällen von 100)

    „ Januar   „ 65 „   „ „

    „ Februar „ 65 „   „ „

Auf einen sehr warmen Sommer ein

    warmer Dezember 38 mal von 100)

    „ Januar   48 „   „ „

    „ Februar 43 „   „ „

also in der Regel ein kalter Winter auf einen sehr warmen Sommer.

---

*) Hellmann bearbeitete die berliner Beobachtungen von 1719—1880; vergl. Sitz.-Ber. Berlin. Akad. 1885, S. 205. — Köppen's meteorolog. Zeitschr. 1885, Mai, S. 183. Hann: in geograph. Jahrb. VIII. 89. — H. Meyer: Göttinger Nachrichten, No. 12, Juli 1886. — Sprung, Lehrb. d. Meteorologie, 1885, S. 383. — Magelssen (Köpp. meteor. Zeitschr. 1886, Juni, S. 262).

Nach H. Meyer haben wir nach einem milden Winter einen kalten Sommer zu erwarten; nach einem warmen Sommer einen warmen Herbst und Winter.

Die Richtigkeit der grundliegenden These angenommen, dass die Mitteltemperatur der Sommermonate einen Schluss erlaube auf die wahrscheinliche Temperatur des folgenden Winters, darf man weiter wohl annehmen, dass auch das Verhalten der Pflanzenwelt in einem gegebenen Sommer analoge Schlüsse zu ziehen erlaube. Drückt sich doch z. B. in dem früheren oder späteren Eintritt einer bestimmten Phase, wie der ersten Fruchtreife, von Jahr zu Jahr in hohem Grade genau die Beschaffenheit der abgelaufenen Witterung und insbesondere der Temperatur der vorhergehenden Monate aus, welche bald früher, bald später zur Fruchtreife führen. Ja, wahrscheinlich genauer, als in den thermometrischen Mittelwerthen der Luft- oder Schattentemperatur. Denn erstlich bleibt uns bei diesen ein wesentlicher Theil der eingestrahlten Wärme unklar, nämlich das variabele Plus, welches die Temperatur der Erde im Sonnenschein erhalten hat, was dagegen bei der Pflanzenphase genau registrirt und im eigentlichen Sinne physiologisch phototypirt wird. Ferner registrirt die Pflanzenphase die Summe der eingestrahlten Wärme (vgl. m. Untersuchungen über thermische Vegetationsconstanten im Abschnitte II.), welche bei der ganzen Frage mehr ins Gewicht fallen dürfte, als die Mitteltemperatur. Denn wenn die These überhaupt richtig ist, so liegt ihr doch wohl die Annahme zu Grunde: die Sonne strahle von Jahr zu Jahr ungefähr dieselbe Wärmemenge auf die Erde aus[*]), aber nicht in gleichem Tempo, je nachdem kosmische, solare (Flecken) oder tellurische Verhältnisse (z. B. vulkanische Eruptionen) störend einwirken. Ist bis Ende des Sommers sehr viel Wärme eingestrahlt, so bleibt weniger übrig für den Winter: „auf einen sehr warmen Sommer folgt ein kalter Winter". Und dann ist leider der Ausgangspunkt der thermometrischen Mittelberechnung insofern ein unsicherer, als er z. B. den Sommer ganz willkürlich mit dem 1. Juni beginnt, während die entscheidende warme Zeit vielleicht doch noch weiter zurückgreift, möglicher Weise bis in den April, — worauf dagegen die Pflanze so-

---

[*]) In Giessen beträgt die Mitteltemperatur nach 40jährigen Aufzeichnungen 6,84 ° R.; die Schwankung in dieser ganzen Zeit beträgt nur 7,81 und 5,48 °. Unterschied 2,33 °.

fort und nachweisbar reagirt. Und dieselbe Unsicherheit gilt bezüglich
der Abschätzung und Abgrenzung des Winters. Man schliesst denselben bei diesen Rechnungen in der Regel mit dem Ende des Februars
ab. Allein im Jahre 1886 war auch der März in Giessen ein ent-
schiedener Wintermonat und machte den Winter im Ganzen zu einem
entschieden ungewöhnlich langen und kalten, was er ohne diese Ein-
rechnung des März kaum sein würde. (Vollständige Schneedecke um
12 Uhr Mittags im März an 20 Tagen statt an 2,4 im Mittel. Mitteltemperatur des März + 1,6° R., statt im Mittel + 2,87. Winter: November bis Februar ohne März + 0,21; mit März + 0,46; im vieljährigen Mittel dagegen November bis März + 1,18).

Von dieser Betrachtung ausgehend, habe ich nun auf Grund meiner
vieljährigen Beobachtungen in Giessen Proben ausgeführt, welche nicht
unbefriedigend ausgefallen zu sein scheinen, und über welche ich hier
zum Behufe weiterer Prüfung kurz berichten will.

1. Die Curve des Winters 1851—86 (s. die Curventafel Fig. 1).
Es ist verstanden November bis Februar, auf das Mittel berechnet.
Generalmittel der Lufttemperatur + 0,75°, Schwankung + 3,48° bis
— 2,69°.

Als strenge Winter wären nach Hellmann's Auffassung (s. o.) die
unter — 0,45° R. zu betrachten.

Fasst man als „Winter" die Zeit Dezember bis Februar auf, so
ist das Generalmittel + 0,1°; die betreffende Curve (No. 2) läuft der
obigen so parallel, dass sie nichts besonderes bietet, d. h. dass der
November sich für den Charakter des Winters als irrelevant erweist.

2. Fruchtreife (s. d. Curve 8 auf der Tafel). Die erste
Fruchtreife der Rosskastanie (Aesculus Hippocastanum), über
welche ich hier *) 28jährige Beobachtungen mittheile, trifft im Mittel
aus 33 Jahren in Giessen auf den 17. September, also eben nach abgelaufenem Sommer; sie gibt also in Betracht der bedeutenden Schwankung
zwischen dem 26. August und dem 1. Oktober ein gutes Bild von
dem günstigen oder ungünstigen Verlaufe der vorhergehenden Monate,
und zwar nicht nur von dem mittleren Wärmebetrag, sondern, was

*) Einige Jahrgänge fehlen; es sind dies zum Theil solche, in welchen über-
haupt keine Früchte ausgebildet wurden in Folge von Maifrösten oder (einmal)
Hagelschlag.

vielleicht noch wichtiger ist, von dem Gange und der successiven Vertheilung der Wärme durch die abgelaufene Zeit; ferner nicht etwa nur vom 1. Juni an, sondern rückwärts bis in den Mai oder selbst April, da die erste Blüthe der Rosskastanie im Mittel auf den 7. Mai fällt, die erste Blattentfaltung auf den 9. April. Was gerade jene Vegetationsphase besonders empfiehlt, ist der Umstand, dass sich dieselbe mit verhältnismässig grosser Genauigkeit — annähernd auf den Tag genau — beobachten lässt: erste Kapseln aufplatzend, so dass die grossen, braunen Samen sichtbar werden. Dann der Umstand, dass dieser Baum tiefwurzelnd ist, also von schwankenden Niederschlags-Verhältnissen in hohem Grade unabhängig. Zudem ist er in und um Giessen in Hunderten von Exemplaren vertreten, und die Expositions-Verhältnisse sind nicht erschwerend für die richtige Beurtheilung.

Resultat. Prüft man nun Schritt für Schritt den Gang der beiden Curven, so wird man kaum verkennen können, dass dieselben vielfach Aehnlichkeit haben; zumal wenn man zunächst einmal nicht sowohl die Grösse des Ausschlags von Jahr zu Jahr, als den Gang und die Richtung der Bewegung der beiden Curven in's Auge fasst. Ich zähle in diesem Sinne in 28 Jahren 20 Treffer (also ein ganz ähnliches Ergebniss wie es die thermometrisch-statistische Methode ergeben hat, zugleich eine Bestätigung desselben, auf ganz anderem Wege und in weit kürzerer Zeit gewonnen) und 7 Nichttreffer; also $^2/_3$ (oder = 100 : 35); 1 als zweifelhaft (1861) ausgelassen. Steigt die Curve der Fruchtreife (d. h. fällt dieselbe auf früheres Datum), so steigt auch die Mitteltemperatur des Winters.

Aber auch die Grösse des Ausschlags ist bis zu einem gewissen Grade massgebend: in 10 Fällen entspricht einer auffallend frühen Fruchtreife 9 mal ein auffallend warmer Winter (vgl. namentlich 1876 und 1877 [*]); dagegen kaum 1 mal ein solcher Winter bei später Fruchtreife (1873).

Bezüglich später Fruchtreife ergiebt sich, dass in 8 Fällen 7 mal ein mässiger oder mittlerer, 1 mal ein kalter Winter folgte.

Ich will noch ausdrücklich bemerken, dass frühe Fruchtreife nicht etwa regelmässig einem auffallend warmen „Sommer" entspricht; viel-

[*] Was anscheinend dem Satze Meyer's entspricht: nach einem „warmen" Sommer haben wir einen warmen Herbst und Winter zu erwarten.

mehr geht die Sommercurve (No. 3), in Hellmann's Sinn die Monate
Juni bis September umfassend, in keiner Weise analog unserer
Fruchtreife-Curve. Damit tritt auch obiges Resultat ausser Widerspruch
mit Hellmann's These, wonach einem „sehr warmen" Sommer ein kalter
Winter entspricht. — Ebenso wenig zeigt die Sommer-Curve von Jahr
zu Jahr Analogie mit der Curve des zunächst folgenden Winters.
Hellmann's und der Anderen Thesen gründen sich vorwiegend auf die
extremen Fälle und zwar in weit längeren Jahresreihen. —

Umgekehrt zum Vorstehenden ist auch vom Winter auf den nächst-
folgenden Sommer geschlossen worden. Meyer sagt: „nach einem milden
Winter haben wir einen kalten Sommer zu erwarten." — Unsere Beobachtungen bezüglich der Fruchtreife der Rosskastanie bieten keine
genügenden Anhaltspunkte zur Prüfung dieser These. —

Ich habe ausser der Fruchtreife der Rosskastanie noch einige
andere Phasen geprüft und in Curven auf der Tafel niedergelegt und
will hier kurz darüber berichten. Im Ganzen ist das Ergebniss ungünstig, und es lässt sich dies auch bei näherer Betrachtung verstehen,
in dem Sinne, dass dadurch unsere These nicht widerlegt wird.

Zunächst die Fruchtreife des Hollunders (Sambucus nigra),
Curve 7. Im Ganzen ist das Resultat der Vergleichung dieser Curve
mit jener des jedesmaligen nachfolgenden Winters unbefriedigend: 16
Treffer, 13 Nichttreffer, 2 zweifelhaft, wegen allzu schwacher Bewegung. In Betracht kommt 1. der Umstand, dass die erste Fruchtreife zu früh fällt, im Mittel vor 33 Jahren auf den 11. August, also
eine ganze Weile vor dem factischen Ende des Sommers. 2. Die Beobachtungen sind theils an einem und demselben Baume angestellt, ohne
Berücksichtigung der Phase „im Allgemeinen" um Giessen; theils nur
„im Allgemeinen", also nicht alle unter ganz gleichem Gesichtspunkte.
Ich habe auch für den identischen Baum die Curve geprüft, im Ganzen
20 Jahre, (vgl. die Columne F. in der folgenden Zifferntabelle A.), indess ohne wesentlich besseren Erfolg; nur die Richtung der Bewegung
der Curve stimmt einigermassen, seltener auch das Mass. - Ueberhaupt
ist diese Pflanze anscheinend wenig geeignet für derartige Beobachtungen, denn sie scheint in Deutschland weder einheimisch zu sein, noch
vollkommen auf unseren Klimawechsel accommodirt, und zwar 1. wegen
ihres Vorkommens nur an Culturstätten, wobei ihr officineller Werth
in Betracht kommt; 2. wegen ihrer mangelhaften Einrichtung auf unseren

Winter, denn sie war z. B. noch sehr allgemein grün belaubt in zahlreichen Exemplaren am 21. November 1886; und ihre Winterknospen, welche überhaupt nicht winterlich gedeckt sind, strecken sich (im Mittel von 5 Jahren) bereits am 3. Februar, ihre ersten Blätter sind entfaltet (im Mittel von 14 Jahren) am 17. März, die Pflanze hat also kaum eine entschieden ausgesprochene Winterruhe, oder greift wenigstens mit ihrer lebhaften Reaction für Wärme sehr weit über den Sommer zurück. In Rom waren am 19. Januar 1877 die Blätter stellenweise noch hängend und grün.

Da das Aufblühen mancher Pflanzenarten erst im späten Sommer oder gegen den Herbst hin stattfindet, so habe ich auch hiervon einige untersucht, nämlich

1) Aster Amellus, erste Blüthe offen (Pollen an der Narbe); s. die Curve 6. Dieselbe fällt in Giessen im Mittel von 26 Jahren (immer auf demselben Beete) auf den 12. August, also ähnlich wie die Fruchtreife von Sambucus. Resultat: Treffer und Nichttreffer gleich, also unbefriedigend. In Betracht kommt 1. der Eintritt der Phase vor definitiv abgelaufenem Sommer, also wie bei Sambucus; 2. der Umstand, dass es sich hier um eine Krautpflanze handelt, also mit weniger tiefgehenden Wurzeln, als bei der Rosskastanie, wodurch der variabele Einfluss grösserer oder geringerer Befeuchtung durch ungleiche Niederschläge — also ein neues, störendes Moment — sehr fühlbar werden und das Resultat trüben muss.

2) Colchicum autumnale, Herbstzeitlose. Von dieser auf Wiesen wachsenden Pflanze gilt dasselbe, nur in noch höherem Grade; denn bei anhaltend trockenem Wetter vermag die Blüthe nicht einmal den Rasenboden zu durchbohren; wie sie denn auch auf (trockenen) Gartenbeeten alljährlich weit später blüht, als auf den feuchteren Wiesen. Die erste Blüthe fällt im Mittel von 36 Jahren schon auf den 12. August. Ergebniss der Vergleichung der Curve (No. 5) mit der Wintercurve unbefriedigend, nur 18 Treffer gegen 13 Nichttreffer und 2 zweifelhafte; auch hier stimmt einigermassen nur die Richtung der Bewegung, nicht die Grösse des Ausschlags. (Die Extreme für sich stimmen etwas besser: sehr frühe Blüthe — oberhalb der Horizontale 31. Juli — bedeutet 4 mal warme Winter).

Allgemeine Laubverfärbung der Buche (Fagus sylvatica) s. die Curve No. 4. Hierunter ist der Moment verstanden, wo über

2

die Hälfte sämmtlicher Blätter verfärbt ist. Er fällt für die Umgegend von Giessen, welche reich an Buchwäldern ist, im Mittel von 31 Jahren auf den 14. Oktober, die extreme Schwankung ist 28. IX. und 29. X.

Diese Phase lässt sich nur auf etwa 8 Tage genau bestimmen, selbst wenn die Person des Beobachters nicht wechselt; denn der Einfluss der Lage (Exposition, Boden, Höhe) ist in der etwas hügeligen Gegend sehr störend. Dazu kommt, dass junger Wald sich anders verhält, als alter Hochwald. Die Fehlerbreite ist desshalb allzu gross in Betracht der extremen Schwankung, als dass hier eine hinreichende Genauigkeit möglich wäre. Dazu kommt, dass die Phase allzuweit hinter das Sommerende in den Herbst fällt. Trotzdem habe ich mit Rücksicht auf die Wichtigkeit und die sehr allgemeine Verbreitung dieses Baumes die Curve gezeichnet; allein die Prüfung ergibt, dass sie ohne prognostischen Werth ist und gegenüber der Wintercurve ganz regellos verläuft.

Noch unsicherer ist die Laubverfärbung der Eiche (Quercus pedunculata); auch fällt dieselbe noch später (im Mittel von 19 Jahren auf den 19. Oktober.

Die Laubverfärbung der Rosskastanie. Sie fällt im Mittel von 29 Jahren auf den 10. Oktober. Die (nicht auf unserer Tafel eingetragene) Curve stimmt nur unvollkommen mit der Wintercurve; offenbar aus denselben Gründen wie vorhin *). — Es ist zu bedauern, dass die Laubverfärbung hiernach für unseren vorliegenden Zweck nicht brauchbar ist, da, wie ich früher (Centrbl. l. c. Seite 339) nachgewiesen habe, bezüglich der Laubverfärbung an sich und der sonnigen oder trüben Beschaffenheit der vorhergehenden Monate eine ganz evidente Beziehung besteht: Je trüber der Herbst, je geringer der Insolationsbetrag des letzten Monats, desto länger bleiben die Blätter grün.

Was den Laubfall betrifft, so legen die Bauernregeln gerade auf ihn einen besonderen Werth, allein ich muss die Berechtigung dazu bezweifeln. Es ist diese Phase die unsicherste von allen; und ich habe ihre Beobachtung schon zeitig aufgegeben. Sehr viele Blätter fallen oft noch grün, durch die ersten Fröste, also unverfärbt, nicht physio-

---

*) Während dagegen, wie ich früher gezeigt habe, an dem einzelnen Baume Fruchtreife und Laubverfärbung von Jahr zu Jahr fast constant parallel gehen. (Centralbl. ges. Forstwesen, 1876, p. 341).

logisch ausgelebt, vielmehr durch eine ganz äusserliche, momentane und geringfügige Witterungs-Oscillation, welche viel zu unbedeutend, zufällig und local ist, als dass sie für unsere Frage in Betracht kommen könnte. (Ulmus, Fraxinus, Platanus, Salix babylonica, Paulownia imperialis, Sambucus nigra, Robinia Pseudacacia, Syringa vulgaris, Persica, Amygdalus etc.*) Dagegen verfärbt sich Robinia P's. in N.-York und in Rom vollständig; an letzterem Orte z. B. Anfang Dezember 1876. Ebenso haben heftige Stürme einen sehr bedeutenden Einfluss auf die zeitige Vollendung des Laubfalls; und hier treten dieselben Bedenken ein. Eiche und Buche, welche wegen ihres massenhaften Auftretens am geeignetsten wären, werfen ihre Blätter überhaupt im Herbste nicht ab; der Apfelbaum nur unvollkommen und (den Sorten nach) sehr ungleich. —

Es geht schon aus den wenigen hier mitgetheilten Untersuchungen hervor, dass nicht entfernt jede beliebige Pflanzenart und nicht jede beliebige Phase für diese Frage verwerthbar ist, vielmehr ist leider deren Zahl höchst beschränkt, in Betracht der unbedingt zu stellenden Forderungen: Vertretung durch zahlreiche Individuen; tiefe Bewurzelung; passender Zeitpunkt (Ende August bis Mitte September); Sicherheit der Beobachtung. An letzterer scheitern u. a. die sonst sehr geeignet scheinenden Beobachtungen der Fruchtreife der kleinblätterigen Linde (Mittel 17. September), sowie des Weinstocks (Mittel 3. September), bei welchen zu der Unsicherheit der Phase an sich noch die weit grössere hinzukommt, welche bedingt ist durch die Ungleichheit der Sorten.

*) S. m. Beob. über Laubverfärbung in Regel's Gartenflora 1893, S. 39.

II. Thermische Vegetations-Constanten.

Schon seit längerer Zeit hat man sich bemüht, die so nahe-liegende Beziehung zwischen Wärme und Vegetation ziffermässig und für einzelne Pflanzen-Arten festzustellen. Unter den sehr verschiedenen Methoden, welche dabei befolgt wurden, schien eine Zeit lang diejenige am besten auszureichen und von Jahr zu Jahr die am besten übereinstimmenden Werthe zu liefern, welche vom Winter (als der Zeit der Vegetationsruhe an) die täglichen Mitteltemperaturen der Luft (also im Schatten) über Null Grad (C. Fritsch) oder über einer etwas höher liegenden Schwelle z. B. 5 ^{0} C. (A. de Candolle, v. Oettingen) summirt, bis zu dem Tage, an welchem eine bestimmte Phase einer bestimmten Pflanzen-Art eintrat. Immerhin sind auch bei dieser Methode thatsächlich die Abweichungen von Jahr zu Jahr noch weitans zu gross, um befriedigend genannt werden zu können. Ich habe daher eine andere Methode vorgeschlagen und durch eine längere Jahresreihe geprüft, welche darin besteht, statt der Schattentemperatur vielmehr die Temperatur eines der Sonne ausgesetzten Thermometers zu benutzen, und zwar den täglich höchsten Stand, in Berücksichtigung der Thatsache, dass die meisten Pflanzen nicht entfernt im absoluten Schatten stehen, wie jenes Thermometer.

In unseren niederen Gegenden Mitteleuropas ist freilich der Unterschied zwischen Schatten- und Sonnentemperatur nur gering, der Fehler also nicht gross; denn für Giessen beträgt das absolute Sonnen-Maximum 40 ^{0} R., das absolute Schattenmaximum + 27,5 ^{0}, Unterschied 12,5 ^{0}. Die Simmultanbeobachtungen ergeben noch weit geringere Unterschiede, im Mittel 4,9. Dagegen ist der Unterschied im Hochgebirge in Betracht der reineren, diathermaneren Luft weit bedeutender, z. B.

Bernina (8113 Fuss). Er beträgt hier nach 7 Beobachtungen im August 17 bis 25°. (Vgl. m. Beobacht. in Hann's meteorol. Zeitschr. 1882, S. 124).

Aehnlich wirkt die höhere Breite sehr störend ein; s. u. Upsala verglichen mit Giessen.

Man kann diesem heliometrischen Verfahren zwei Haupteinwürfe machen, nämlich:

1) die Unvergleichbarkeit der an verschiedenen Orten verwendeten Thermometer in Betracht ihrer ungleichen Empfindlichkeit je nach der Grösse der Kugel u. s. w. Diesem Einwurfe suchte ich dadurch zu begegnen, dass ich anfangs (1866—1869) nur an demselben Thermometer beobachtete; später, nachdem dieses zerbrochen war, 1880—1883 und dann 1884—86 zwei Thermometer benutzte, deren Gang mit einander sorgfältig verglichen worden war;

2) die — auch im Allgemeinen für die ganze Frage gültige — Thatsache, dass die so oder so gewonnenen Ziffern doch nur einen mehr oder weniger localen Werth haben können. Dieser Einwand scheint mir irrelevant; die Ermittelung z. B. der Mitteltemperatur von Giessen oder von London hat auch nur localen Werth, sie ist aber ein Ausfluss eines allgemeinen Gesetzes der Temperatur-Vertheilung über die Erde, welches hier im Ganzen bereits erkannt ist, in unserem Falle aber durch Beobachtung gleichfalls ermittelt werden kann und wird. Zudem ist das Wort local schon jetzt in recht weitem Sinne zu nehmen, denn Upsala, 9° 15' nördlicher als Giessen, zeigt noch sehr übereinstimmende Werthe.

Meine betreffenden Aufsätze sind folgende: Witterung und Wachsthum oder Grundzüge der Pflanzenklimatologie 1857, p. 459 f. — Allgemeine Forst- und Jagdzeitung, 1867, 457. — Oesterr. Zeitschr. für Meteorologie, 1868, 553; — 1869, 392; — 1870, 367. — Abhandl. Senckenb. Ges. Frankf. VIII. 379. 1873. — Zeitschr. zool. bot. Ges. Wien. XXV. Abh. 1875, 563. — Oesterr. Zeitschr. f. Meteorol. 1875, 250. — Botan. Zeitg. 1880, No. 27. — Oesterr. Zeitschr. f. Meteorol. 1881, 330; — 1882, 121; — 1884. 407. Köppen's Zeitschr. d. d. meteorol. Ges. 1885, 455; — 1886, 546.

Ich habe auf der Tabelle B. eine Auswahl der von mir specieller beobachteten Species und Phasen mitgetheilt, um den Leser in Stand zu setzen, sich selbst ein Urtheil zu bilden über den Grad der Genauigkeit, welcher bis jetzt auf diesem Wege erreicht werden konnte. Es befinden sich darunter 6—7- und 11jährige Serien. Unter den kürzeren Serien zeigt besonders günstige Resultate No. 2 Anthericum ramosum, erste Blüthe (Krautpflanze, perennirend, immer auf demselben Beete beobachtet). Die Summe der maximalen Sonnentemperaturen beträgt hier vom 1. Januar bis zum Eintritt dieser Phase im Mittel 2655°; die Abweichungen für die einzelnen Jahre betragen 2578° bis 2772°. Setzen wir der leichteren Uebersicht wegen das Mittel 2655° gleich 100°, so betragen die Abweichungen für die einzelnen Jahre 97 bis 104, also im Ganzen nur 7° auf 100°. Auch die Beobachtungen der übrigen Species mit kürzeren Serien stimmen nicht schlecht. Die Schwankung beträgt 11, 10, 12, 9, 10°; also im Gesammtmittel 10° auf 100. Dieses Ergebniss kann wohl als ein im Ganzen befriedigendes betrachtet werden und zwar in Betracht der unvermeidlichen Fehlerquellen. Doch sind für unsere Breiten auch die Summen der Schatten-Mitteltemperaturen ziemlich brauchbar, nicht aber für höhere Breiten, wie Upsala. Die Schattenmittel ergaben in Giessen für Lilium candidum:

Lilium candidum, erste Blüthe, Giessen.

a) Datum. b) Summe der positiven Mitteltemperaturen der Luft im Schatten ab 1. Januar. c) Verhältniss zum Mittel = 100 zu:

	a.	b.	c.
1866	22. VI.	1194°	110
1867	3. VII.	1189	110
1868	18. VI.	1072	99
1869	10. VI.	915	85
1880	29. VI.	1126	104
1881	30. VI.	1028	95
1882	26. VI.	1105	102
1883	22. VI.	977	90
1884	26. VI.	1070	99
1885	26. VI.	1062	98
1886	29. VI.	1138	105

Mittel 1080°*)

---

*) Auf einem ähnlichen Wege erhielt Künzer für Marienwerder die Ziffer 1019 (vergl. Schriften der naturforsch. Ges., Danzig, VI. II. 4. 6).

Danach ist hier die Schwankung (85—110 = 25° oder 10° aufwärts und 15° abwärts) nicht viel grösser, als bei den Insolationssummen, wo sie 19° beträgt. (S. Tabelle B, Columne 7 d.)

Jene oben angedeuteten unvermeidlichen Fehlerquellen verdienen eine etwas nähere Betrachtung, damit der Leser sich ein Urtheil bilden könne über die wahre Bedeutung einer Abweichung um einige Procent Grade. Ein Beobachtungsfehler von einem einzigen Tag kann eine Abweichung um 3 pCt. veranlassen, und doch ist ein solcher vielfach ganz unvermeidlich. Die Sonnenmaxima können im Hochsommer 35, ja 40° erreichen. Setzen wir z. B. bei Lonicera tatarica, wo das Ergebniss zweier Jahre genau stimmt (100 : 100, berechnet aus 1570 in 1884 und 1581 in 1885) einmal einen Tag mit 35° zu, so erhalten wir 1570 : (1581 + 35 =) 1616 = 100 : 103. Einige Stunden nach Sonnenuntergang, also in der Nacht, oder — da eine kleine Verspätung der Sonnenwirkung stattfindet *) — vielleicht am folgenden Morgen vor Sonnenaufgang, wäre vielleicht die richtigste Beobachtungszeit; doch ist das praktisch nicht durchzuführen. Ich beobachtete täglich in der Regel Morgens von 8 Uhr, mitunter aber Nachmittags oder zu anderen Stunden. Da nun unsere Pflanzen zu jeder Tagesstunde aufblühen können, die Inspicirung derselben jedoch nur einmal täglich stattfand. (und zwar niemals genau am Schlusse des Tages zwischen 11 und 12 Uhr in der Nacht), so sind die Beobachtungen — und zwar alle — günstigen Falls nur auf etwa einen Tag correct, und demnach kann auch der angeschriebene thermische Werth nur etwa um den Betrag von 1 Tag als richtig angenommen werden; d. h. im Sommer um 30 bis 40°. Wenn ich Samstag Morgens 10 Uhr die erste Blüthe der Atropa Belladonna beobachte, und sie ist faktisch am letzten (Freitag) Morgen 11 Uhr aufgeblüht, so müsste ihr eigentlich der Thermometerstand des Freitag (und zwar halb) zugeschrieben werden; ist sie aber erst vor einer Stunde aufgeblüht, (Samstag 9 Uhr), so wäre höchstens die Hälfte der Samstagswärme zuzufügen, was aber nicht thunlich ist in Betracht der ganz ungleichen Vertheilung der Wärme durch die Tagesstunden, und was mich veranlasste, in diesem Falle — wie in allen anderen — die Wärme des Beobachtungstages (also hier des Samstags) zuzuschreiben. In beiden Fällen wird ihr zuviel Wärme zu-

---

*) Vergl. meine Beobacht. über das Aufblühen der Gewächse in Regel's Gartenflora 1884, 262, mit Curventafel 1130.

geschrieben; im letzten um ½ Tag, im ersten um 1½ Tag. Man muss dies im Auge behalten, um keine übertriebene Anforderung an die Uebereinstimmung der Ziffern zu stellen.

Es handelt sich hier in allen Fällen um langsam, aber stetig aufblühende Blumen. Wollte man auch s. g. Flores meteorici einbeziehen, wie den Löwenzahn (Taraxacum officinale) und dergl., die sich fast momentan je nach der Temperaturbewegung in einem Tage wiederholt öffnen und wieder schliessen können, so würde man überhaupt nicht einmal zu einem annähernden Resultate gelangen können. — Einleuchtend ist ferner, dass in einem Jahre, wo ein bestimmter Stock nur 1 oder 2 Blüthen bringt, die wahre Zeitbestimmung weit unsicherer ist, als wenn 2—300 Blüthen entwickelt werden; wobei von Schädigung durch Frost, schon während des Knospenzustandes, ganz abgesehen sein mag, der wahrscheinlich gerade die ersten überhaupt am Aufblühen verhindert. Selbstverständlich ist, dass umgekehrt auch wieder gerade bei grosser Blüthenzahl die zuerst aufblühende Blume leicht ganz übersehen werden kann.

Dazu kommt auch, dass allem Anscheine nach hier und da einmal an einem Baume (z. B. an Sambucus nigra von mir beobachtet) einzelne Zweige gebildet werden können, welche die Frühblüthigkeit als individuellen, so zu sagen Variationscharakter, besitzen, wodurch der an diesem Individuum bis dahin übliche Aufblüh-Modus vorübergehend oder vielleicht auch bleibend alterirt und das bisherige Verhältniss zu anderen Exemplaren und Species geändert wird. Diese Schwierigkeiten sind eben nur durch längere Zeit fortgesetzte Beobachtungen zu überwinden, und überdies darf man überhaupt bei lebenden Wesen die Ansprüche an Exactheit nicht allzu hoch schrauben, denn wenn man sie auch für Maschinen gelten lassen will, so sind sie jedenfalls eine ganz absonderliche Art, indem sie auf sehr verschiedene Reize reagiren und ihren Regulator in sich selbst tragen. —

Die langjährigen Serien auf der Tabelle B. (11 Jahre) geben selbstverständlich weniger übereinstimmende Resultate, denn innerhalb dieser Zeit summiren sich die Abweichungen und können erst in viel längeren Jahresreihen zu wahren Mitteln abgeschwächt werden. Doch begegnen wir bei No. 11, Plumbago europaea, erste Blüthe, einer Abweichung von nur 10 pCt.; die übrigen betragen 19, 16, 19, 17, 24, 21; Gesammtmittel 18 pCt.

Die Tabelle C. gibt eine Uebersicht sämmtlicher von mir genauer beobachteten und geprüften Fälle, wenigstens in kurzem Auszug.

Man sieht daraus, dass das Mass der Uebereinstimmung ein sehr ungleiches ist, und dass namentlich die am frühesten aufblühenden Pflanzen, also die mit den niedersten Insolations-Summen (z. B. Amygdalus nana) am bedeutendsten schwanken, was offenbar mit den so häufigen Störungen durch Nachfröste zusammenhängt; während umgekehrt die spät im Sommer blühenden, also durch hohe Insolationssummen bezeichnet, (z. B. Aster Amellus) günstigere Uebereinstimmung und schwächere Abweichungen zeigen (Columne 3).

Ferner ergibt sich, dass Kräuter weniger gut stimmende Resultate liefern, als tiefwurzelnde Holzpflanzen, indem jene durch ihre flachere Bewurzelung in höherem Grade von momentaner Trockniss beeinflusst werden, also von einem sehr störenden Factor, der zunächst mit der Wärmefrage gar nichts zu thun hat. Denn eine reine Beobachtung ist nur bei völliger Gleichheit aller Nebenumstände möglich, und unsere ganze Untersuchung über Wärmebeziehungen kann nur Berechtigung haben unter der Voraussetzung genügender Wasserzufuhr.

Endlich kommt in Betracht, dass in den längeren Jahresreihen die oben erwähnte Verschiedenheit der gebrauchten Thermometer sich geltend machen muss und dass diese längeren Beobachtungsreihen sich in der Regel nicht auf die gleichen Individuen oder Beete beziehen, sondern auf verschiedene. Bezüglich der „ersten Fruchtreife" kommt noch weiter in Betracht, dass, namentlich bei Frühblühern, gerade die ersten Blüthen keineswegs immer Früchte ausbilden, vielmehr erst die später und frostfrei aufgeblühten, was also einen pathologischen und jeder Rechnung sich entziehenden Fehler bedingt.

Wie aber die Wärme das ganze Pflanzenleben beherrscht, sieht man u. A. am folgenden Fall, welcher zeigt, dass in einem bestimmten Jahre zwei verschiedene Pflanzen bezüglich zwei ganz verschiedener Phasen gleichzeitig die gleiche Beschleunigung (um 2 Tage) durch gleichen Wärmeüberschuss erfuhren.

Cornus alba, erste Frucht 1884 am 15. VII.; 1885 am 13. VII.
Prenanthes purpurea, erste Blüthe 1884 am 15. VII.; 1885 am 13. VII.

Wenn auch aus dem Vorstehenden unzweifelhaft hervorgeht, dass wir noch weit vom Ziele sind und noch lange fortgesetzte und höchst sorgfältige Beobachtungen erforderlich sind, so glaube ich doch nachgewiesen zu haben, dass das Ziel — die Aufstellung eines Gesetzes — erreichbar ist, dass wir uns demselben nähern, dass wir anerkennen müssen: eine bestimmte Pflanzenphase tritt von Jahr zu Jahr auf ein wechselndes Datum ein, aber sie „verbraucht" dazu eine constante Temperatur.

Was diesen Verbrauch betrifft, so sind allerdings die Pflanzen keine Thermometer. Indess geben letztere immerhin ein Spiegelbild und es ist zu beachten, dass nach neueren Untersuchungen von Reinke das Assimilations-Maximum der besonnten Blattpflanzen nicht, wie man bisher annahm, in den hellsten Theil des Sonnenspectrums fällt, sondern in den wärmeren (Rath, zwischen die Linien B. und C. von Fraunhofer). (Vergl. Botan. Zeitg. 1884, S. 51, 55.)

Haben aber diese Betrachtungen wirklich einen realen Werth, so ist einleuchtend, dass umgekehrt auch der Eintritt einer bestimmten Vegetationsphase zugleich ein Massstab ist für eine gewisse, durch Beobachtung zu ermittelnde, und nicht am Datum des Einzeljahres haftende Wärmesumme. Diese Wärmesumme ist zugleich der Ausdruck des Masses des Wärmebedürfnisses für jede Phase der Pflanzen; und es muss gestattet sein, auch an einem nie vorher besuchten Orte aus dem beobachteten Eintritt einer bestimmten Phase den damit connexen Betrag der bis dahin an diesem Orte eingestrahlten Sonnenwärme zu beurtheilen.

Allerdings wird ein brauchbares und ohne Weiteres vergleichbares Thermometer erst noch zu construiren sein; das Vacuumthermometer entspricht nach meinen mehrjährigen Beobachtungen nicht vollkommen den gehegten Erwartungen.

Giessen und Upsala.

Hierzu Tabelle D.

Die Herren Professor Th. M. Fries und Dr. K. F. Dusén in Upsala hatten die Güte, unter Benutzung eines meiner Thermometer von durch längere Vergleichung ermitteltem Gang durch 3 Jahre Beobachtungen anzustellen, welche ich auf der Tabelle D. vollständig mitgetheilt habe. Sie enthält nicht nur die thermischen Constanten für die wichtigste und am sichersten zu ermittelnde Phase (die erste Blüthe) für Upsala verglichen mit Giessen, sondern noch eine grosse Reihe anderweitiger phaenologischer Angaben von hohem Werthe.

Hier soll nur auf die Vergleichung mit Giessen eingegangen werden. Es ergibt sich aus den Columnen 9, 19 und 31, dass, wenn man die mittlere Insolationssumme für Giessen gleich 100 setzt, jene für Upsala

1884 99
1885 87
1886 98

also im Mittel 95 beträgt; eine sehr geringe Abweichung in Betracht der grossen Entfernung beider Orte; nicht grösser als in Giessen von Jahr zu Jahr.

Vergleicht man dagegen die Summe der mittleren Lufttemperaturen im Schatten, wie es vielfach üblich ist, so erhält man (Columne 12 und 22) ein Verhältniss wie 100 (Giessen) zu

1884 79
1885 79

1886 sind die Temperaturbeobachtungen im Schatten noch nicht publicirt.

Es geht daraus hervor, dass die letztere Methode eine weit grössere Abweichung zeigt, also weniger leistet.

Es erhalten damit genügend lange fortgesetzte rein phaenologische Beobachtungen zugleich einen thermometrischen Werth. Denn wenn die Süsskirsche (Prunus avium) in Upsala durch ihr Aufblühen am 22. Mai anzeigt, dass hier bis dahin die Summe von ca. 1168 Wärmegraden (Tabelle D., Columne 7) eingestrahlt ist, so geschah dies in Giessen bereits am 5. April; und wenn die Regel (für niedere Gegenden) eben so weit südlich von Giessen gilt als nach Norden, so wird in Rom schon am 7. März, dem mittleren Aufblühtag der Süsskirsche an diesem Orte, dieselbe Wärmesumme eingestrahlt sein.

Auf Grund meiner nun mehrjährigen Beobachtungen habe ich eine Liste entworfen, in welcher man für jede Phase einer beliebigen Pflanze, deren Datum bekannt ist, die zugehörige (eingestrahlte) Wärmesumme ablesen kann, ermittelt durch Summirung der täglichen höchsten Stände eines der Sonne bleibend ausgesetzten Quecksilberthermometers vom 1. Januar ab bis zum Eintritt dieser Phase. Diese Wärmesumme hat allerdings zunächst nur für niedere Lagen Mittel-Europa's Geltung, bietet indess unter diesem Gesichtspunkt manches Interesse. Der Berechnung der Tabelle 1. ging eine Proberechnung voraus in folgendem Sinne:

3*

1) Man kann entweder für eine bestimmte Pflanzen-Phase (vergl. erste Blüthe von Lonicera alpigena) von Jahr zu Jahr das (variabele) Datum nebst zugehöriger (mehr oder weniger constanter) Insolationssumme eintragen und daraus die Mittel für Datum und für Wärmesumme berechnen:

	Datum.	Ins.-Summe	Ins.-Maxim. des Tages.
1. 1866	24. IV.	1189° R.	21,5° R.
2. 1867	3. V.	1200	15,0
u. s. w.			
Summe (11 Jahre)	281. IV.	14704	237,0
Mittel	25. IV.	1337	21,5
Lilium candidum			
Mittel	28. VI.	2877	30,1
Aster Amellus			
Mittel	11. VIII.	4135	30,9
Sambucus nigra			
Mittel	22. V.	1959	25,7

2) Oder man kann ohne alle Rücksicht auf Pflanzen einfach die mittlere Insolationssumme für jeden Tag aus einer längeren Beobachtungsreihe berechnen. So würde sich für den 25. IV. (mittleres Aufblüh-Datum von Lonicera) ergeben:

	Datum.	Ins.-Summe.	Ins.-Maxim. des Tages.
1. 1866	25. IV.	1217° R.	27,0° R.
2. 1867	25. IV.	1086	20,5
u. s. w.			
Mittel aus 11 Jahren . . .	25. IV.	1325	19,8
Lilium candidum			
Mittel	28. VI.	2911	26,0
Aster Amellus			
Mittel	11. VIII.	4122	27,8
Sambucus nigra			
Mittel	22. V.	1946	25,2

*) Verglichen mit oben ergibt nahe Uebereinstimmung.

Es ist a priori einleuchtend, dass die mittlere Insolations-Summe, auf die eine oder die andere Weise berechnet, im Laufe von sehr vielen · sagen wir 100 — Jahren für ein bestimmtes Datum die gleiche sein wird. Unsere Berechnung aber ergibt, dass schon 11 (identische) Jahre genügten, um nahezu gleiche, also annähernd richtige, Werthe zu erhalten. (Tabelle I.)

Weit geringer ist die Uebereinstimmung je nach der einen oder der anderen Berechnungsweise für das mittlere Insolationsmaximum eines einzelnen Tages. Hier sind die Schwankungen noch so gross, dass sie durch 11jährige Beobachtung bei Weitem noch nicht ausgeglichen werden.

So ergab sich oben:

	nach der ersten Berechnung		nach der zweiten Berechnung	
	Datum.	Ins.-Mittel.	Datum.	Ins.-Mittel.
Lonicera . .	25. IV.	21,5°	25. IV.	19,8°
Lilium . .	28. VI.	30,1	28. VI.	26,0
Aster . .	11. VIII.	30,9	11. VIII.	27,8
Sambucus .	22. V.	25,7	22. V.	25,2

Die nach anderweitigen Untersuchungen für phaenologische Zwecke weit weniger brauchbaren Mitteltemperaturen (im Schatten) für einen jeden Tag habe ich bereits früher veröffentlicht auf Grund vieljähriger Beobachtungen (Giessen 1852—1880), vgl. Mittheilungen der Centralstelle für Landes-Statistik in Darmstadt, Mai 1881, No. 243, p. 80.

Die vieljährigen Tagesmittel der höchsten Stände an der Sonne, obgleich nach dem eben Gesagten von nur provisorischem Werthe, sind gleichfalls in einer Tabelle II. zusammengestellt. Sie haben insofern Interesse, als sie wenigstens annähernd zeigen, bei welcher Temperaturschwelle eine beliebige Phase eintritt. Meteorologisch interessant sind sie durch die merkwürdigen Oscillationen, welche sie an mehreren Stellen (und nicht nur um die Mitte des Mai) aufweisen, und welche irregulär-periodische Bewölkungs-Verhältnisse anzeigen.

I.
Insolations-Temperatursummen.

Summen der täglichen höchsten Temperaturen über 0° R. an der Sonne
vom 1. Januar, im Mittel von 10—13 Jahren. Giessen.

	Jan.	Febr.	März	April	Mai	Juni	Juli	Aug.	Sept.	Octbr.
1	5.4	178.0	429.8	835.7	1395.7	2138.3	2915.4	3761.2	4610.3	5362.7
2	11.3	187.9	439.4	853.4	1414.1	2167.7	2943.9	3785.7	4639.7	5375.7
3	16.6	197.3	451.1	870.6	1435.6	2196.6	2972.7	3812.7	4667.9	5394.7
4	23.1	206.8	462.0	887.6	1455.2	2222.7	3001.5	3838.5	4694.9	5412.9
5	28.1	214.9	472.0	908.2	1477.1	2248.2	3026.7	3867.3	4722.4	5429.0
6	33.1	222.6	481.6	926.7	1501.8	2275.6	3055.7	3895.9	4751.1	5447.5
7	40.1	231.9	494.0	943.6	1526.9	2302.9	3081.5	3922.0	4777.0	5464.9
8	45.4	240.1	505.1	959.6	1549.6	2327.1	3108.0	3918.5	4803.5	5483.3
9	51.2	249.3	516.7	974.7	1573.7	2352.7	3133.0	3974.5	4827.9	5501.2
10	55.4	257.9	528.1	991.7	1597.4	2376.2	3159.4	4002.0	4854.0	5521.1
11	61.4	265.9	539.9	1009.3	1621.5	2398.3	3187.1	4029.9	4880.7	5537.6
12	66.6	275.0	548.9	1027.7	1644.7	2422.3	3217.7	4057.7	4904.8	5554.6
13	71.6	282.2	563.1	1045.4	1668.1	2445.7	3247.1	4086.0	4933.1	5569.9
14	75.3	290.6	575.8	1064.2	1690.1	2470.5	3275.8	4113.0	4960.8	5584.9
15	79.9	297.9	591.2	1083.4	1712.2	2495.2	3305.9	4140.9	4986.1	5601.2
16	85.4	307.8	606.4	1099.8	1735.1	2518.7	3334.7	4167.2	5012.1	5615.8
17	91.0	318.0	622.0	1116.9	1758.5	2541.7	3362.7	4194.6	5038.1	5630.3
18	97.4	327.9	637.8	1136.5	1783.3	2566.6	3390.8	4222.5	5063.8	5646.6
19	101.8	337.9	652.3	1157.2	1806.9	2590.5	3419.7	4251.1	5090.8	5660.6
20	106.0	347.9	668.0	1176.6	1830.8	2615.0	3448.2	4270.0	5114.5	5674.4
21	111.4	357.0	678.4	1196.4	1855.8	2641.0	3474.9	4300.9	5137.5	5687.4
22	116.6	365.4	688.2	1215.4	1880.7	2667.7	3504.1	4336.2	5156.3	5700.3
23	121.0	374.8	700.4	1234.2	1904.9	2694.4	3532.2	4364.2	5176.4	5711.7
24	126.6	384.7	713.9	1254.2	1928.5	2719.8	3560.3	4392.2	5196.0	5723.7
25	131.4	394.3	727.4	1272.9	1956.7	2748.6	3587.1	4421.3	5217.5	5736.8
26	136.3	403.1	739.9	1293.4	1983.0	2776.8	3611.6	4450.9	5240.1	5747.3
27	141.2	412.3	752.9	1314.9	2007.9	2805.0	3636.2	4479.6	5261.5	5759.0
28	145.7	420.7	765.9	1336.8	2034.4	2830.8	3660.8	4504.7	5284.8	5773.8
29	151.5	—	782.8	1355.4	2062.7	2858.7	3685.8	4521.7	5307.3	5785.7
30	159.8	—	799.3	1375.4	2088.3	2887.8	3711.7	4555.0	5329.8	5796.9
31	168.8	—	816.7	—	2112.5	—	3736.2	4581.4	—	5808.4

II.

Mittel der täglichen Insolationsmaxima

in Giessen nach 10—13jährigen Beobachtungen. — ° R.

	Jan.	Febr.	März	April	Mai	Juni	Juli	Aug.	Sept.	Octbr.
1	5.4	9.2	9.1	19.0	20.3	25.8	27.6	25.0	26.9	22.9
2	5.9	9.9	9.6	17.7	18.4	29.4	28.5	24.5	29.4	23.0
3	5.3	9.4	11.7	17.2	21.5	24.9	28.8	27.0	29.2	19.0
4	6.5	9.5	10.9	17.0	19.6	26.1	28.8	25.8	27.0	18.2
5	5.0	8.1	10.0	20.6	21.9	25.5	27.2	24.8	27.5	16.1
6	5.0	7.7	9.6	18.5	23.8	27.4	27.0	28.6	28.7	19.5
7	7.0	9.3	12.4	16.9	25.1	27.3	25.8	28.1	25.9	17.4
8	5.3	8.2	11.1	16.0	24.6	24.2	26.5	26.5	26.5	18.4
9	5.8	9.2	11.6	15.1	24.1	25.6	25.0	26.0	24.4	17.9
10	4.2	8.6	11.4	17.0	23.7	23.5	26.4	27.5	26.1	18.9
11	6.0	8.0	10.8	17.6	24.1	22.1	27.7	27.9	26.7	16.5
12	5.2	9.1	10.0	18.4	23.2	24.0	30.6	27.8	27.6	17.0
13	5.0	7.2	14.2	17.7	23.4	23.4	29.4	28.3	24.8	15.8
14	3.7	8.4	12.7	18.8	22.0	24.8	28.7	27.0	26.7	15.0
15	4.6	7.8	15.4	19.2	22.1	24.7	30.1	27.9	26.3	16.8
16	5.5	9.9	13.2	16.4	22.9	23.5	28.8	28.3	26.0	14.6
17	5.6	10.2	15.6	17.1	23.4	23.0	29.0	27.4	26.0	14.5
18	6.4	9.9	15.8	19.6	24.8	24.9	28.1	27.9	25.7	16.3
19	4.4	10.0	14.5	20.7	23.6	23.9	28.9	26.6	27.0	14.0
20	4.2	10.0	15.7	19.4	23.9	24.5	28.8	27.9	23.7	13.8
21	5.4	9.1	10.4	19.8	25.0	26.0	26.7	27.9	23.0	13.0
22	5.2	8.4	9.8	19.0	24.9	26.7	29.2	29.3	18.8	12.9
23	4.4	8.9	12.2	18.8	24.2	26.7	28.1	29.0	20.1	11.4
24	5.6	10.4	13.5	20.0	24.4	25.4	28.1	29.0	19.6	12.0
25	4.8	9.6	13.5	18.7	27.4	28.8	26.8	29.1	21.5	13.1
26	4.9	8.8	12.5	20.5	26.8	28.2	24.5	29.6	22.6	10.5
27	4.9	9.2	13.0	21.5	24.9	28.2	24.6	28.7	21.4	11.7
28	4.5	8.4	13.0	21.9	26.2	25.6	24.6	25.1	23.3	14.8
29	5.8	—	16.9	18.6	26.6	27.9	25.0	25.0	22.5	11.9
30	8.3	—	16.5	20.0	25.6	29.1	25.9	25.3	22.5	11.2
31	9.0	—	17.4	—	24.2	—	24.5	26.4	—	9.5

Die absoluten Maxima der Temperatur an der Sonne waren:

	Upsala.	Giessen.
1884	31,5°	38,3°
1885	32,2	35,1
1886	30,8	38,0

Auch die von mir gezeichnete mittlere Tagescurve der Insolations-Maxima von Upsala bleibt hinter derjenigen von Giessen — aus denselben 3 Jahren berechnet — zurück, oder kreuzt die letztere wenigstens in dem Zeitraume vom 1. Januar bis 14. Oktober doch nur 15 mal. Der Unterschied (die Entfernung) der beiden Linien beträgt in der Regel etwa 5--10 Grade; im Juli am wenigsten. Ein Parallelgang der beiden Curven ist nicht ausgeprägt.

Bezüglich der Gleichheit des Betrags der thermischen Insolations-Constante von Giessen und Upsala für bestimmte Phasen, welche wir oben kennen gelernt haben, ist hier daran zu erinnern, dass also auf dem gleichen Datum die Insolationscurve für Upsala tiefer steht, als in Giessen; da aber in Upsala die betreffende Phase erst auf ein erheblich späteres Datum eintritt, als in Giessen, so läuft innerhalb dieser Verspätungszeit der Restbetrag an Wärme bis zu derselben Höhe auf, wie in Giessen.

Die Summen der Insolationsmaxima in Giessen für jeden Tag der Vegetationszeit im Mittel aus 11 Jahren sind auch abgedruckt in den Berichten der deutschen botan. Gesellschaft, November 1886, p. 397; — eine kurze Uebersicht der gesammten meteorologischen Verhältnisse in Giessen im 21. Berichte d. oberhess. Ges. f. Natur- und Heilkunde 1882, S. 64.

III. Phaenologische Beobachtungen in Giessen.

Hierzu Tabelle E. und F.

Die Mittel der wichtigsten Phasen (insbesondere „erste Blüthen" und „erste Fruchtreife") von mehr als 1200 Pflanzenarten in 2300 Phasen in Giessen habe ich auf Grund mehr- bis vieljähriger Beobachtungen (im Maximum 38 Jahre) neuerdings in den Berichten d. deutschen botan. Gesellschaft November 1886, p. 389) f. veröffentlicht.

Auf den anliegenden Tabellen E. und F. sind von einer beschränkteren Anzahl von Species (im Ganzen 32), nach Alphabet und Jahrgängen geordnet, sämmtliche Detailbeobachtungen abgedruckt; von vielen derselben sind mehrere Phasen aufgenommen, im Ganzen 52 Columnen. Aufgenommen sind diejenigen Species, welche ich in einem Aufrufe 1882 (Bot. Centralblatt IX, No. 8 und anderwärts) zur allgemeinen und internationalen Annahme empfohlen habe, und welche vielfach — mit Beschränkungen oder Erweiterungen — auch wirklich angenommen worden sind; u. A. für die forstlichen Versuchsstationen in Deutschland. Das hier Gegebene soll dazu dienen, vorkommenden Falles rückgreifend für einzelne Jahre der letzten Decennien Vergleiche zu ermöglichen. Dasselbe Schema ist auch meinen „Resultaten der wichtigsten pflanzen-phaenologischen Beobachtungen in Europa", nebst einer Frühlingskarte, Giessen 1885 (enthält ca. 2000 Stationen) zu Grunde gelegt; ferner meinen sämmtlichen neueren Publikationen von (im Original bei mir eingelaufenen) phaenologischen Beobachtungen über die letzten Jahre aus den verschiedensten Theilen Europa's, — die letzte im 25. Berichte der oberhessischen Ges. f. Natur- und Heilkunde, Giessen 1887,

S. 33, — wo auch auf die früheren verwiesen ist. Es umfasst das mit Giessen direct communicirende Netz phaenologischer Stationen (jetzt über 80) die Streke von Portugal bis Tula und von Petersburg, Upsala und Island bis zur Riviera.

Möge dieses Schema auch weiterhin im Interesse der Vergleichbarkeit der anzustellenden Beobachtungen sich der günstigen Aufnahme der Phaenologen erfreuen.

IV. Vergleichend-phaenologische Studien.

Hierzu Tafel 2 und 3.

Das Beobachtungsmaterial, welches die durch einen grossen Theil von Europa verbreiteten phaenologischen Stationen im Laufe der Jahre aufgehäuft haben, ist allmählich — wenigstens bezüglich einer Anzahl der beobachteten Species — genügend angewachsen, um eine Verarbeitung desselben in klimatologischem und biologischem Sinne zu gestatten. Ich theile hier eine Reihe derartiger Studien mit, und zwar in der klimatologischen Richtung ausgeführt. Es sind Species und Phasen aus der Reihe derjenigen, welche im Kapitel 3 aufgezählt und in Tabelle E. und F. im Detail abgedruckt sind. Der leichteren Uebersicht wegen sind alle Data behufs gleichmässig durchgreifender Behandlung auf Giessen reducirt.

Es treten als generelle klimatologische Ergebnisse dabei namentlich folgende hervor:

1) Bezüglich der F r ü h blüher ist die ganze W e s t k ü s t e Europa's sehr einflussreich und wirkt, in Betracht des schwachen Winters und der früh eintretenden Plus-Temperaturen, sehr beschleunigend; — verzögernd dagegen bezüglich der Fruchtreife, in Folge der Abschwächung des Sommers im Küstengebiet.

2) Dagegen macht sich der allmählich zur Geltung kommende h e i s s e S o m m e r des inneren Continentalklima's sehr entschieden geltend bezüglich der S o m m e r blüthen, sowie der sommerlichen Fruchtreifen.

4*

3) Das baltische Meer hat einen ungemein verzögernden Einfluss auf die austossenden Landstrecken, der sich bis gegen den Sommer hin erstreckt; er beruht auf der partiellen Vereisung über Winter, welche nur durch Schmelzung innerhalb dieses Binnenmeeres mit ausserordentlichem Wärmeverlust aufgehoben wird.

4) Das Intervall zwischen Blüthe und Fruchtreife wird im hohen Nordosten kürzer, als in mittleren Breiten, und zwar in Folge der sommerlichen Zunahme der Tageslänge. In der Hochschweiz fehlt diese Compensation und damit die Möglichkeit der Fruchtbildung solcher Pflanzen.

Die nachfolgenden Bearbeitungen gründen sich auf die in meinen „Resultaten der phaenologischen Beobachtungen in Europa, nebst einer Frühlingskarte; Giessen 1885" registrirten Beobachtungen, wo die Specialangaben bezüglich Datum der einzelnen Phasen und Lage der Stationen nach Breite, Länge und Höhe mitgetheilt sind.

Atropa Belladonna.

Da die Phasen dieser phaenologisch so werthvollen Pflanze seither nur an sehr wenigen Stationen und dazu in der Regel nur durch kurze Jahresreihen aufgezeichnet worden sind, so können die nachfolgenden Uebersichten nur ganz provisorisch und höchstens als annähernd der Wirklichkeit entsprechend angesehen werden. Diese Pflanze zeigt, wie Ligustrum, Cornus und andere mit Beerenfrüchten versehene Species, die 2 Hauptphasen — Blüthe und Fruchtreife — mit ausserordentlicher Präcision, und ist daher deren Anpflanzung für phaenologische Zwecke im höheren Norden, wo sie fehlen, dringend zu empfehlen. Spontan wandern zwar Beerenfrüchte von Norden weit nach Süden, wie die fast circumpolaren Johannisbeeren (Ribes rubrum) und Sorbus aucuparia, aber nicht von Süd nach Nord, da die Verschleppung durch Vögel geschieht; diese aber ziehen zur Zeit der Fruchtreife von Nord nach Süd, nicht umgekehrt. Und zur Zeit der Rückwanderung im Frühling sind diese Beeren nicht mehr vorhanden. Dagegen geht Corylus bis in die Lappmark; ihre Früchte werden in loco durch Häher u. dergl. Standvögel allmählich verschleppt, nicht durch Zugvögel in weite Fernen getragen.

Erste Blüthe. (Giessen 28. V., 25 Jahre.)

Stationen vor G.: 18 Tage Modena (2 Jahre), 11 Neusohl (3), 10 Utrecht (2).

Nach G.: 1 Tag Frankfurt (8), Wien (7), 2 Marlborough (13), 7 Kremsmünster (6), 8 Swaffham (5), 9 Salzburg (3), 14 Ischl (3), 16 Innsbruck (3), Senftenberg (4), 19 Linz (6), 24 Rottalowitz (4), 54 Petersburg (2).

Hiernach Verspätung in England, Petersburg und im Südosten. Im Süden Vorsprung.

Nach der Meeres-Höhe geordnet (die mitteleuropäischen Stationen).

(+ Tage vor, - nach G.)

13 M. Utrecht + 10 Tage, 100 Frankfurt — 1, 144 Marlborough — 2, (160 M. Giessen), 197 Wien — 1, 370 Neusohl + 11, 377 Linz — 19, 384 Kremsmünster — 7, 420 Senftenberg — 16, 424 Salzburg — 9, 468 Rottalowitz — 24, 469 Ischl — 14, 574 Innsbruck — 16. Also im Allgemeinen Verspätung mit der Höhe.

Erste Fruchtreife. (Giessen 31. VII., 18 Jahre.)

Zeitliche Ordnung. Vor G.: 31 Tage Modena, 16 Wien, 13 Dijon, 7 Frankfurt.

Nach G.: 1 Tag Senftenberg, 4 Gent, 11 Ostende, 27 Utrecht, 37 München, 41 Rottalowitz. Also Verspätung an der holländischen Küste; Beschleunigung nach Süden.

Ordnung nach der Höhe.

0 Meter Ostende — 11, 13 Utrecht — 27, 100 Frankfurt + 7. (160 Giessen), 197 Wien + 16, 242 Dijon + 13, 420 Senftenberg — 1, 468 Rottalowitz — 41, 528 München — 37. Der verzögernde Einfluss der Höhe ist nur eben angedeutet. Der Einfluss des Literalklima's ist überwiegend.

Spatium zwischen Blüthe und Fruchtreife.

47 Tage Wien, 49 Senftenberg, 51 Modena, 56 Frankfurt, 64 Giessen, 81 Rottalowitz, 101 Utrecht. Hiernach scheint eine Verlängerung der betreffenden biologischen Periode für den Nordwesten und für Hochlagen angedeutet, entsprechend der Abnahme der Sommerwärme.

Cornus sanguinea.

Aufblühen (erste Blüthe). Giessen, 6. Juni (11 Jahre).

Ordnung nach der Zeitfolge (10- und mehrjährige Beobachtungen).

Vor Giessen: 23 Tage Podgorze ?, 17 Antwerpen, Laibach,

Venedig, 15 Kassel, St. Florian, 13 Wien, Kischeneff, 11 Linz, Hermannstadt, 9 Brünn, 7 Salzburg, 6 Kremsier, 5 Ischl, 4 Ostende, Mediasch, 3 Prag, Kremsmünster, Kirchdorf in Oesterr., 1 Namur, Klagenfurt.

Gleich mit G.: 0.

Nach G.: 1 Tag Aschaffenburg, Rottalowitz, 4 Marlborough, Senftenberg, 6 Catsfield ?, 7 Stettin, 15 Selborne ?, 16 Christiania ?.

Kartographische Ueberschau.

Die Stationen, welche mit Ausnahme von Christiania sämmtlich in Mitteleuropa liegen, zeigen in der Mehrzahl einen Vorsprung vor G., was selbst von Belgien und dessen Küste gilt; dagegen ist Südengland zurück. Alle östlich und südöstlich gelegenen Stationen sind voraus, mit Ausnahme (wohl durch die Höhe bedingt) von Senftenberg (420 M.) und Rottalowitz (468 M.). Es ergibt sich daraus, dass bei dieser Vorsommerpflanze das Küstenklima bereits seine Einwirkung und Bedeutung verloren hat und der Continentalsommer sich schon entschieden geltend macht.

Ordnung nach der Breite.

Ordnet man die wenigen Stationen nach der Breite, so ergibt sich, dass die südlichen einen starken Vorsprung haben, z. B. Venedig und Laibach 17 Tage. nach Norden schwächer: Kremsier + 6, Prag + 3, Namur + 1; Marlborough − 4, Stettin − 7, Christiania − 16. Vereinigt man sämmtliche Stationen (mit Ausschluss von Podgorze) in Gruppen zu je 5 Graden, so erhält man für die Gruppe ab 45° + 7,8 Tage; für die ab 50° + 0,1; für 55 bis 60° − 16 (nur 1 Station: Christiania); und diese Werthe auf je 1° berechnet: + 1,6 + 0,01, − 3,2 Tage.

Hiernach scheint der Coëfficient für diese Sommerpflanze nach Norden rascher zu wachsen, d. h. der zeitliche Unterschied gegen Giessen rascher sich zu ändern (und zwar sich zu verspäten) als in gleicher Breite mit Giessen und weiter südlich.

Nach der Höhe geordnet in Gruppen von je 100 Meter ergibt sich für die continentalen Stationen vom Meridian 30° F. nach Osten zwischen Venedig und Prag folgende Scala: ab 0 M. ein Vorsprung um 15 Tage; ab 100 M. 8,5; ab 200 M. 10,6; ab 300 M. 7,0; ab 400 M. 3,1 Tag; im Mittel 8,6 Tage. Hiernach scheint in bedeutenderer Höhe die Verzögerung langsamer zuzunehmen, als in geringerer. Bemerkenswerth ist, dass in allen Fällen in diesen Breiten sich ein Vorsprung gegen das westlicher gelegene Giessen zeigt, entsprechend der Blüthezeit im Sommer, wo der continentale Charakter zur Geltung kommt.

Fruchtreife. Giessen, 22. VIII., 3 Jahre.

Zeitfolge. (Zum Theil nur wenige Jahre Beobachtungen.)

Vor G.: 10 Tage Wien, 5 Krakau, 3 Salzburg, 2 Frankfurt (2 Jahre), Riva (3).

Nach G.: 2 Tage Dijon (2 J.), Hermannstadt, 3 Senftenberg, 5 Biala, 6 Podgorze, 14 Ischl, 15 Wilten, 22 Kremsmünster, 26 Ostende (5). Krzezowice, Rottalowitz.

Die kartographische Ueberschau ergibt in Betracht des unzulänglichen Materials keinerlei Gesetzmässigkeit, nur die Verspätung von Ostende verdient vielleicht Beachtung. Dasselbe gilt bezüglich der (sehr geringen) Breitenunterschiede dieser Stationen. Nach der Höhe geordnet ergibt sich für 100—199 M. $+$ 4 Tage; ab 200 M. $+$ 1.5; ab 300 M. $-$ 13.5; ab 400 M. $-$ 8.4; ab 500 M. $-$ 15. Auch hierin ist noch keine Regelmässigkeit zu erkennen.

Spatium zwischen Blüthe und Fruchtreife.

Tage: 76 Senftenberg, 77 Giessen, 80 Wien, 81 Salzburg, 82 Frankfurt, 83 Dijon, 88 Krakau, 89 Biala, 90 Hermannstadt, 94 Wilten, 96 Ischl, 101 Riva, 102 Kremsmünster, Rottalowitz, 106 Podgorze, 107 Ostende. Ordnen wir die Stationen nach der Meereshöhe, so ist (von Ostende abgesehen) eine Verlängerung der Periode mit zunehmender Elevation im Allgemeinen nicht zu verkennen. Abweichungen zeigen Indess, wohl in Folge local günstiger Exposition, Senftenberg, Salzburg und Hermannstadt.

Corylus Avellana, erste Blüthe.

(Giessen, 10. II., 37 Jahre.)

Da wir von 87 Stationen aus den verschiedensten Gegenden Europa's genügend zuverlässige (meist 10- und mehrjährige) Beobachtungen über diese Phase besitzen, so steht zu erwarten, dass sich wenigstens in gewissen Richtungen annehmbare Schlüsse daraus ziehen lassen werden.

Zeitfolge.

Vor Giessen: 20 Tage Fiume, 15 Strathfield-Turgiss, Swaffham-

Bulbeck, 10 Selborne, 9 Frankfurt, 7 Marlborough, 6 Antwerpen, 5 Brüssel, Utrecht, 3 Gent, 2 Namur.

Gleich mit Giessen: Catsfield.

Nach Giessen: 1 Tag Varssefeld, 6 Dijon (8 Jahre), 7 Aarau, Oostkapelle, 8 Ostende, 9 Lenzburg, 10 Zürich, 12 Aschaffenburg, Edinburg, Wermsdorf, 13 Laibach, 15 Wien, 16 Berlin (9 Jahre), Cassel, Salzburg, 17 Dresden, Nidau, 19 Linz, Smeena, Zwenkau, 20 Biala, Cilli, Güns, Undervelier, 22 Kirchdorf, 23 Innsbruck, Pürglitz, 24 Kremsmünster, 25 St. Florian, 26 Hausdorf, Hermannstadt, Schönberg i. M., 27 Niesky, Warschau, 28 Ischl, Laufen, Wilten, 29 Kopenhagen, 30 Hohenfurt, Prag, 31 Brünn, Plass, 32 Rottalowitz, 33 Boltigen, Braunschweig, Pruntrut, 34 Biecz, 35 Hinterhermsdorf, Karlskrona S.* (39 Jahre!), 36 Thorberg, 37 Klagenfurt, Königgrätz, Podgorze, 38 Krakau, Neuhof, Wynigen, 40 Gross-Mayerhöfen, Kreuzburg, Leutschau, Roches, 42 Felka, Senftenberg, 46 Bärn, Gündlischwand, 47 Königsberg i. P., 51 Selau, 53 Kostroma, 57 Christiania, 58 Göthene S.*, 73 Abo F.* (9 Jahre), Finsfröm F.*, 74 Riga (7 Jahre), 79 Petersburg, 122 Reatenberg.

Bei der kartographischen Ueberschau ergibt sich zunächst, dass wir es hier mit einer Pflanze zu thun haben, welche, als bereits im Nachwinter aufblühend, für die milden Winter des Seeklimas an der Westküste im hohen Grade empfänglich ist; sie blüht in Südost-England bis 15 Tage vor G., und selbst noch in Giessen kommt es bisweilen vor, dass sie schon im December stäubt; daher auch das frühe mittlere Datum. Ebenso ist Belgien und Holland verfrüht, mit Ausnahme des Küstensaumes: Ostende — 8 Tage und Oostkapelle — 7, wo die kühlen Seewinde ganz local die Insolation des Festlandes abschwächen. Im Osten blüht sie allgemein verspätet: Hermannstadt 26 Tage, Warschau 27, Krakau 38 u. s. w., entsprechend dem späten Erwachen des continentalen Temperatur-Frühlings; ebenso nach Norden: Christiania — 57, Petersburg — 79. Dagegen ist Fiume weit voraus + 20.

Breite.

Orduen wir die Stationen — zunächst ohne Rücksicht auf die Höhe — nach der geogr. Breite, so ergibt sich Folgendes, wenn wir uns auf die vom Seeklima nicht mehr beeinflussten Landstrecken vom Meridian 30 nach Osten beschränken.

---

*) S · Schweden. F = Finnland.

Der Breite-Unterschied von Fiume mit + 20 bis Abo — 73 Tage (also 93 Tage) beträgt 14° 36′. Also auf 1° 6.4 Tage Unterschied. Vergleichen wir dagegen etwa Güns mit Abo, so beträgt der Zeitunterschied 53 Tage, der Breitenunterschied 13°; also auf 1° nur 4 Tage, was mit der gewöhnlichen Annahme übereinstimmt. Um eine festere Grundlage zu gewinnen, ordnen wir die sämmtlichen betreffenden Stationen in Gruppen zu je 5° und vergleichen dann die Mittel der Unterschiede gegen Giessen in jeder Gruppe.

					Mittel auf	
					je 5°	je 1°
a.	ab 60°	(2 Stationen)	— 73 Tage		— 14.6
b.	„ 55°	(6 „)	— 55 „		— 11.0
c.	„ 50°	(15 „)	— 29 „		— 5.8
d.	„ 45°	(23 „)	— 27 „		— 5.4
				Mittel	— 9.2

Der Schritt von Grad zu Grad (der Coëfficient oder die Differenz) beträgt für

a zu b 3.6 Tage
b „ c 5.2 „
c „ d 0.4 „

Es ergibt sich also hier, ganz wie bei der Blüthe von Aesculus und Betula, dass der Unterschied der Gruppe b zu c grösser ist, als der Unterschied von c zu d; noch weiter nördlich (b zu a) ist er gering.

Die Ursache jener Schwellung von Süden her gegen 55/60 Grad liegt wohl in dem retardirenden Einflusse des zu dieser frühen Jahreszeit noch sehr kalten Binnenmeeres, von der Ostsee (mit ca. 55° beginnend) nordwärts und dessen durch Vermittelung der Winde abkühlender Wirkung auf die angrenzenden Länder.

Höhe.

Alpengebiet, 45—48° Br. (bis zur Donau), vom Jura an nach Osten.
Ab 0 Meter keine Station.

„ 100 „ Wien — 15.
„ 200 „ Cilli — 20. Güns — 20, Laibach — 13.
„ 300 „ Laufen — 28, Linz — 19, Kremsmünster — 24, Aarau — 7.
„ 400 „ Lenzburg — 9, Salzburg — 16, Hermannstadt — 26, Klagenfurt — 37, Kirchdorf — 22, Nidau — 17, Pruntrut — 33, Ischl — 28, Zürich — 10.

Ab 500 Meter Roches — 40, Undervelier — 20, Innsbruck — 23,
Wilten — 28.

„ 600 „   Wynigen — 38, Thorberg — 36.
„ 700 „   Gündlischwand — 46.
„ 800 „   Boltigen — 33.
„ 900 „   Hausdorf — 26.
„ 1000 „   keine Station.
„ 1100 „   Beatenberg — 122. ?

Die Mittelberechnung ergibt für die einzelnen Etagen folgende
Werthe:

	a.	b.	c.	d.
	0 Meter	? Tage	0 Station	Unterschied
ab	100 „	— 15 „	1 „	) ? Tage.
„	200 „	— 18 „	3 Stationen	) 3 „
„	300 „	— 19 „	4 „	) 1 Tag.
„	400 „	— 22 „	9 „	) 3 Tage.
„	500 „	— 28 „	4 „	) 6 „
„	600 „	— 37 „	2 „	) 9 „
„	700 „	— 46 „	1 Station	) 9 „
„	800 „	— 33 „	1 „	) ? „
„	900 „	— 26 „	1 „	) ? „
„	1000 „	? „	0 „	) ? „
„	1100 „	— 122 „	1 „	) ? „
Mittel ohne Beatenberg	— 27 „			
„ mit „	— 36 „			

Wir finden also, dass die Verzögerung unregelmässig steigt, dass
sie in den niederen Regionen weniger rasch zunimmt (Col. d), als in
den höheren, wenigstens bis 700 M., d. h.: soweit einigermassen ge-
nügendes Material vorliegt.

Das Mittel (fast 1 Monat Verspätung auf 100 Meter) zeigt, wie
stark diese frühblühende Pflanze durch das langsame Schwinden der
Winterkälte auf den Hochlagen beeinflusst wird.

Unterziehen wir nun die Gebirge zwischen 48° und 52° Breite
(Sachsen bis Karpathen) derselben Untersuchung, so ergibt sich
Folgendes:

Ab 0 Meter keine Station.

„ 100 „ Dresden — 17, Zwenkau — 19, Wermsdorf — 12,
Niesky — 27.

„ 200 „ Kreuzburg — 40, Prag — 30, Brünn — 31, Krakau — 38,
Königgrätz — 37, Neuhof — 38, Plass — 31, St. Florian
— 25.

„ 300 „ Pürglitz — 23, Biala — 29, Smecna — 19, Hinterhermsdorf — 35, Selau — 61.

„ 400 „ Senftenberg — 42, Rottalowitz — 32.

„ 500 „ Leutschau — 40, Bärn — 46, Hohenfurt — 30, Gross-
Mayerhöfen — 40.

„ 600 „ Felka — 42.

Berechnen wir die Mittel für jede Etage, so erhalten wir für:

	a.	b.	c.	d.
				Unterschied sub b
ab 0 Meter	—	? Tage	0 Station	) ? Tage
„ 100 „	—	19 „	5 Stationen	) 15 „
„ 200 „	—	34 „	8 „	) +2 „
„ 300 „	—	30 „	5 „	) 7 „
„ 400 „	—	37 „	2 „	) 2 „
„ 500 „	—	39 „	4 „	) 3 „
„ 600 „	—	42 „	1 Station	
	Mittel —	33 „		

Zunächst zeigt das Mittel — ca. 1 Monat Verspätung auf 100
Meter — ganz wie bei den Alpen, die auffallend starke Verspätung mit
zunehmender Höhe. Ferner finden wir, dass der Unterschied von 100
zu 100 Meter sich nicht gleich bleibt; vielmehr ist er hier ganz variabel,
sogar zwischen 200 und 300 Meter sich umkehrend, was auf den störenden
Einfluss localer Exposition hinweist. (Wahrscheinlich zu wenige Stationen
für sichere Schlüsse in dieser Beziehung.)

Der Eintritt der Fruchtreife ist bei dieser Pflanze nicht mit
genügender Präcision zu beobachten, um brauchbare Daten zu liefern.

Crataegus Oxyacantha, erste Blüthe.

(Giessen, 9 V., 29 Jahre.)

Ordnung nach der Zeitfolge (meist 10- und mehrjährige Beobachtungen).

Vor G.: 39 Tage Athen, 15 Riva, 5 Cilli, 2 Catsfield, Swaffham-Bulbeck, Brüssel, Namur, Frankfurt, Brünn, Ofen, 1 Varssefeld.

Gleich mit G.: Laibach.

Nach G.: 1 Tag Cobham, Bludenz, Hermannstadt, Kischeneff, 2 Marlborough, Salzburg, Podgorze, 3 Linz, Wien, Mediasch, 4 Lofthouse, 5 Prag, Kremsier, 6 Balfour, Thurston, Cassel, Rottalowitz, Biala, 7 Selborne, 8 Antwerpen, Slijk Ewik, Ischl, Krakau, 9 Dijon, Kremsmünster, 10 Utrecht, Tübingen, Schönberg i. M., Karabagh, 11 Oostkapelle, Krzezowice, Stettin, 12 Elgin, Ostende, Kirchdorf i. Ö., Lemberg, 13 Biecz, 14 Wismar, Klagenfurt, 15 Braunschweig, Senftenberg, Zloczow, 16 Arvavaralja, 17 Boven-Karspel, Stavelot, 18 Balloch-Castle, Warschau, 20 Hausdorf, 23 Salz, 25 Bärn, 26 Kopenhagen, 29 Karlskrona, 38 Christiania, 40 Abo.

Die kartographische Ueberschau ergibt eine stellenweise Beschleunigung in Südengland und Belgien, während Nordengland, Schottland und die holländische Küste erheblich verspätet sind. Das Aufblühen fällt in die Zeit, wo der begünstigende Einfluss des Küstenklima's schwindet, jener des Continental-Sommers sich auszubilden beginnt. Ferner ergibt sich eine Begünstigung von Frankfurt, Brünn und den südlichen Punkten Ofen, Cilli, Riva. Allgemeine und ziemlich gleichmässige Verspätung nach Norden.

Nach der Breite ergibt sich zwischen Mediasch-Hermannstadt (im Mittel — 2 Tage) und Abo 38 Tage Unterschied auf 14 ½ Grad; dies würde auf 1 Grad eine Verspätung um 2,6 Tage ergeben. — Für eine Berechnung von Grad-Gruppen ist das Material nicht ausreichend.

Ordnung nach der Höhe.

1. **Alpengebiet.** Stationen in Gruppen für je 100 Meter geordnet.

a. ab   0 M. Riva + 15.

b. „ 100 „ Wien — 3

c. „ 200 „ Cilli + 5, Laibach — 9.

d. „ 300 „ Linz — 3, Kremsmünster — 9.

e. „ 400 „ Salzburg — 2, Klagenfurt — 14, Kirchdorf — 12, Ischl — 8.

f. „ 500 „ Bludenz — 1.

g. „ 600 „ vacat.

h. „ 700 „   „

i. „ 800 „   „

k. „ 900 „ Hausdorf — 20.

Zusammenfassung.

	Mittel	Stationen	Unterschied	
a.	+ 15	1	) 18.0	Tag
b.	— 3	1	) 5.5	„
c.	+ 2.5	2	) 3.5	„
d.	— 6	2	) 3.0	„
e.	— 9	4	) 8.0	„
f.	— 1	1		
g.	—			
h.	—		19.0	„
i.	—			
k.	— 20	1		

Hieraus lässt sich eine Regel nicht ableiten, um so weniger, als sich der Gang zweimal umkehrt, von b zu e und von e zu f.

2. Böhmen und Karpathen (unter ca. 50° Breite).

a. ab 0 Meter vacat.

b. „ 100 „ Mediasch — 3.

c. „ 200 „ Prag — 5, Kremsier — 5, Brünn + 2, Krakau — 8, Zloczow — 15, Lemberg — 12.

d. „ 300 „ Biala — 6.

e. „ 400 „ Senftenberg — 15, Hermannstadt — 1, Rottalowitz — 6.

f. „ 500 „ Arvavaraltja — 16, Bärn — 25.

Zusammenfassung.

	Mittel	Stationen	Unterschied	
a.	— ?	0	) 2	Tag
b.	— 3	1	) 4.2	„
c.	— 7.2	6	) 1.2	„
d.	— 6	1	) 1.3	„
e.	— 7.3	3	) 4.8	„
f.	— 2.5	2		

Auch hier ergibt sich aus Mangel an ausreichenden Beobachtungen keine feste Regel, vielmehr sehen wir zweimal Umkehrung: von c zu d und von e zu f.

Nehmen wir nur die niedersten und höchsten Stationen, so würde sich Folgendes ergeben.

Alpen: Riva 69 Meter, Hansdorf 924 M., Unterschied
855 M. Zeitunterschied 35 Tage. Also auf 100 Meter . . 4.1 Tage.
Böhmen und Karpathen: Mediasch 148 M., Bärn 552 M.,
Unterschied 404 M. Zeitunterschied 22 Tage. Also auf 100 M. 5.4 „

Also, wie gewöhnlich, ein grösserer Unterschied für diese nörd-
lichere Kette.

<h3 style="text-align:center">Cydonia vulgaris, Quitte, erste Blüthe.</h3>

(Giessen, 16. V., 18 Jahre.)

Ueber die Verbreitung dieser Pflanze in Europa vgl. meine Karte
in Regel's Gartenflora 1876 f. 872, S. 197. Sie wird umschrieben
durch die Punkte Caucasien, Crim, Sicilien, Algier, Spanien, England,
Stockholm.

Ordnung nach der Zeitfolge (meist 5- und mehrjährige Beobachtungen).

Vor G.: 76 Tage Coimbra, 62 Athen, 61 Porto, 43 Tiflis, 24
Karabagh, 22 La Rochelle, 20 Parma, Venedig, 18 Swaffham, 16 Ofen,
10 Dijon, 7 Hermannstadt, 5 Graz, 3 Klagenfurt, 1 Wilten.

Gleich mit G.: Ostende, Kischeneff.

Nach G.: 1 Tag Cassel, 3 Ischl, Soltau, 4 Brünn, 6 Kremsmünster,
Ratzeburg, 7 Utrecht, 8 Wien, 9 Stettin, Warschau, 11 Baillieston, 14
Kappeln, 18 Kopenhagen, 23 Christiania.

Die kartographische Uebersicht ergibt in fast allen Fällen einen
erheblichen Vorsprung nach Süden; ebenso (1 Station) für Südost-
England. Von Westen nach Osten ist (zwischen den Breitegraden 45
bis 50) kein nennenswerther Unterschied erkennbar: La Rochelle + 22,
Karabagh + 24. Sehr begünstigt sind Portugal, Athen und Tiflis,
ihrer südlichen Lage entsprechend.

<h3 style="text-align:center">Breite.</h3>

Für die Meridianlinie von Warschau-Hermannstadt-Athen:
  a. Warschau-Hermannstadt: Unterschied der Breite $6^{1}/_{2}°$,
    der Tage 71. Hiernach auf 1 Breitegrad . . . . . 11 Tage.
  b. Hermannstadt-Athen: Unterschied der Breite 7° 49′,
    der Tage 53. Hiernach auf 1 Grad . . . . . . 6.8 „
Also im Norden eine raschere Aenderung des Coëfficienten, als im Süden,
in beiden Fällen aber eine raschere, als bei der Mehrzahl der Pflanzen,
welche ich untersucht habe. Es handelt sich hier in der That um eine
dem Süden angehörige, frostempfindliche Pflanze.

Für die Meridian-Zone: Parma-Soltau-Kopenhagen-Christiania:

a. Christiania-Kopenhagen: Unterschied der Breite 4° 14',
der Tage 5. Hiernach auf 1 Breitegrad . . . . . . 1.2 Tage.

b. Kopenhagen-Soltau: Unterschied der Breite 2° 41',
der Tage 15. Hiernach auf 1 Breitegrad . . . . . 6.9 „

c. Soltau-Parma: Unterschied der Breite 8° 11', der Tage
23. Hiernach auf 1 Breitegrad . . . . 2.8 „

Da die angenommenen Stufen annähernd genau in der Reihenfolge der vorgesetzten Buchstaben an einander anschliessen, so ergibt sich hieraus folgende Scala:

				Differenz
a.	1.2 Tage	1.2 Tage	}	5.7 Tage.
b.	6.9 „	6.9 „		
c.	11.0 „	} Mittel 6.9 „	} 0.0 „	
	2.8 „			
d.	6.8 „	6.8 „	} 0.1 „	

Mittel 5.4 Tage.

Wir sehen hier, dass die Verspätung per Grad sich nicht gleich bleibt, dass sie in diesem nordwärts dem Seeklima angrenzenden Meridian am schwächsten ist.

Bezüglich der Höhenunterschiede liegen zu wenige Daten vor, um eine Berechnung mit Aussicht auf Erfolg ausführen zu können.

Cytisus Laburnum, erste Blüthen offen.

(Giessen, 14. V., 22 Jahre.)

Ordnung nach der Zeitfolge, (meist 10- und mehrjährige Beobachtungen).

Vor G.: 23 Tage Karabagh, 18 Venedig, 15 Parma, 14 Mediasch, 8 Pilis Jenö, 7 Fünfkirchen, 6 Brüssel, Frankfurt, Ofen, 5 Namur, 4 Swaffham, Wien, 1 Marlborough.

Gleich mit G.: Aschaffenburg, Kremsier.

Nach G.: 1 Tag Dijon, Gent, Varsseveld, Cassel, Heidelberg (14 Jahre), Brünn, Innsbruck, 2 Ostende. Aarau, Güns, 3 Krakau, 5 Cobham, Schönberg i. M., Linz, 6 Zaandam, Prag, 7 Oostkapelle, Utrecht, Wernigerode, Breslau, Chemnitz, 8 Salzburg, 9 Tongre, Slijk-Ewik, München 23. V. (nicht 3. V.), Kremsmünster, Kischeneff, 10 Stettin, Ischl, 11 Görlitz, 12 Warschau, Biala, 13 Selborne, Catsfield, Berlin, Leutschau, Klagenfurt, 15 Boven-Karspel, 16 Satow, 20 Aberdeen

Kopenhagen, 21 Culloden, 26 Hausdorf, 29 Parkentin (12 Jahre), 30 Lund, 33 Christiania.

Kartographischer Ueberblick.

Starke Verspätung in Nordschottland, Kopenhagen, Christiania, ferner in Stettin und Mecklenburg (namentlich Parkentin in Mecklenburg, 29 Tage, welches überhaupt eine auffallend späte Station ist); ferner in der südenglischen und belgischen Küstenregion, sowie in der holländischen Niederung. Endlich Verspätung auf allen östlichen Stationen bis zur Breite von Wien. Voraus ist die warme ungarische Niederung, Mediasch und die Krim; ferner die Lombardei, dann das belgische Hügelland und Frankfurt.

Breite.

Anordnung in Gruppen zu 5 Breitegraden; Gebiet von ca. Meridian 30° F. nach Osten:

			Unterschied
a. ab 55°	Christiania, Kopenhagen, Lund, Mittel — 28 Tage		
b. „ 50°	Parkentin, Satow, Schönberg i. M., Stettin, Berlin, Warschau, Görlitz, Breslau, Prag, Krakau „ — 11 „		17 Tage.
c. „ 45°	Biala, Kremsier, Brünn, Leutschau, Chemnitz, Linz, Wien, München, Kremsmünster, Salzburg, Ischl, Pilis-Jenő, Ofen, Güns, Innsbruck, Kischeneff, Hausdorf, Klagenfurt, Mediasch, Fünfkirchen, Venedig, Karabagh „ — 2 „		9 „
d. „ 40°	Parma . . . . „ + 15 „		17 „

Dies ergibt auf je 1° berechnet für

$$a. \quad - 5,6 \text{ Tage.}$$
$$b. \quad - 2,2 \quad „$$
$$c. \quad - 0,4 \quad „$$
$$d. \quad + 3,0 \quad „$$
$$\text{Mittel} - 1,3 \text{ Tage.}$$

Hiernach ist die Verzögerung, wie für eine Vorsommerpflanze selbstverständlich, nach Norden grösser; aber der Coefficient ist ungleich. Derselbe ist sehr gross von d. (nur 2 Stationen der exceptionell

beginstigten Lombardei mit ihrem Schutze durch die Alpen) zu c.
Von c. zu b. ist der Coëfficient kleiner, da die warme ungarische Tief-
ebene für c. sich abschwächend geltend macht. Von b. zu a. dagegen
unsicher (nur 3 Stationen).

Meereshöhe.

			I. Alpengebiet:			Unterschied
1. ab	0	Meter	Venedig	Mittel + 18,10 Tage	)	14,0 Tage
2. „	100	„	Wien	„ + 4,0 „	)	? „
3. „	200	„	0	„ ? „	)	
4. „	300	„	Linz, Kremsmünster,		}	? „
			Aarau	„ — 5,3 „		
5. „	400	„	Salzburg, Klagen-		}	4,0 „
			furt, Ischl . . . „	1,3 „		
6. „	500	„	München, Innsbruck	„ — 5,0 „	)	3,7 „
7. „	600	„	0 . . . . „	? „	)	? „
8. „	700	„	0 . . . . „	? „	)	? „
9. „	800	„	0 . . . . „	? „	)	? „
10. „	900	„	Hausdorf . . . . „	— 2,6 „	)	? „

Diese dürftigen Ziffern gestatten keine Schlüsse. Das Mittel aus
6 Stufen ergäbe 9,9 Tage Verspätung für 100 M. Aufstieg ab Stufe 1.

			II. Böhmen-Karpathen:			Unterschied
1. ab	200	Meter	Prag. Brünn, Krakau, Mittel — 3,3 Tage		)	8,7 Tage
2. „	300	„	Biala	„ — 12,0 „	)	? „
3. „	400	„	0	„ ? „	)	? „
4. „	500	„	Leutschau	„ — 13 „	)	6,0 „
5. „	600	„	Schemnitz	„ — 7 „		

Auch hier scheint der Coëfficient in höheren Regionen schwächer
zu werden. Das Mittel aus 4 Stufen würde 8,8 Tage Verspätung für
je 100 Meter ergeben.

Ligustrum vulgare, erste Blüthe.
(Giessen 19. VI., 12 Jahre.)

Ordnung nach der Zeitfolge (meist 8- und mehrjährige Beobachtungen).

Vor G.: 50 Tage Athen, 20 Venedig, 14 Riva, 12 Krakau, 8 Laibach, Wien, 7 Brünn, 6 Weinheim, Innsbruck, Ofen, 5 Aschaffenburg,
4 Kremsier, Hermannstadt, Mediasch, Kischeneff, 2 Kronstadt, 1 Dijon,
Bludenz.

Gleich mit G.: Frankfurt, Salzburg, Bregenz, Cilli.

Nach G.: 2 Tage Rottalowitz, 3 Namur, Linz, Znaim, 5 Ischl, Prag, 6 Gent, Utrecht, 7 Wilten, Klagenfurt, Schemnitz, 8 Cassel, Biala, 9 Kremsmünster, 10 Ostende, 11 Kirchdorf i. Ö., Stavelot, 12 Marlborough, Troppau, 13 Warschau, 14 Catsfield, Rugby, Leutschau, Stettin (27 Jahre), 16 Swaffham-Bulbeck, 17 Cobham, Oostkapelle, 19 München (28. VI., nicht 28. V.), Nordberg, 24 Selborne, 26 Kopenhagen, 27 Lofthouse, Christiania, 29 Lund (8. VII., nicht 8. VI.), 34 Petersburg, 41 Luuna in Schweden.

Kartographischer Ueberblick.

Die Natur dieser Pflanze mit dem Hochsommer nahe stehender Blüthezeit spricht sich deutlich aus in der Verspätung aller westlichen Stationen, indem ihnen der milde Charakter des Küstenklima's keinen Vortheil bringt, während die continentalen östlichen und südöstlichen in niederen und mittleren Lagen Beschleunigung zeigen. Dagegen ist nach Norden hin (60°) noch keine Verkürzung des Unterschieds bemerkbar (er beträgt hier, wie bei der 2 Monate früher blühenden Betula, etwa 32 Tage Verspätung). Die Compensation durch die zunehmende Tageslänge beginnt also erst nach dem höchsten Sonnenstande des 21. Juni auf die Vegetation Wirkung zu zeigen, so z. B. bezüglich der Fruchtreife von Secale und Sorbus aucuparia.

Ordnung in Gruppen nach der **Breite**, Continentalgebiet östlich vom 28. Meridian.

a. ab 55—60° Petersburg - Christiania, Lunna,
Kopenhagen, Lund . . . . . Mittel — 31.4 Tage.

b. „ 50° Stettin, Warschau, Prag, Krakau „ — 5.0 „

c. „ 45° Troppau, Biala, Rottalowitz, Kremsier, Brünn, Leutschau, Znaim, Schemnitz, Linz, Wien, München, Kremsmünster, Kirchdorf, Salzburg, Ischl, Ofen, Innsbruck, Wilten, Kischeneff, Klagenfurt, Cilli, Mediasch, Laibach, Riva, Hermannstadt, Kronstadt, Venedig „ — 0.7 „

d. „ 40° vacat . . . . „ 7 „

e. „ 35° Athen . . . . „ + 5.0 „

Auf je 1 Grad berechnet ergibt sich daher für

Differenz

a.	— 6.3 Tage;	)	5.3 Tage.
b.	— 1.0 „		
c.	— 0.1 „	) 0.9 „	
d.	? „		—
e.	+ 10.0 „		—

Es ergibt sich daraus, dass der Coëfficient nach Norden bedeutend wächst, d. h. die Verspätung unproportional zur Breite zunimmt; und dass in der Zone südlich von Giessen c die Verzögerung von Westen nach Osten hin im Mittel ziemlich Null ist; d. h. der Breite-Einfluss hat den Einfluss des Küstenklima's aufgehoben.

Ordnung nach der Höhe (District Riva-Krakau).

1.	0—99 Meter	Riva	Mittel	+	14.0 Tage.
2.	ab 100 „	Wien	„	+	8.0 „
3.	„ 200 „	Prag, Kremsier, Brünn, Krakau,			
		Cilli, Troppau, Znaim, Laibach	„	+	1.4 „
4.	„ 300 „	Biala, Linz, Kremsmünster . .	„	—	6.7 „
5.	„ 400 „	Bregenz, Salzburg, Klagenfurt,			
		Kirchdorf, Rottalowitz, Ischl .	„	—	4.2 „
6.	„ 500 „	Leutschau, Innsbruck, Bludenz,			
		Wilten	„	—	3.5 „
7.	„ 600 „	Schemnitz	„	—	7.0 „

Hiernach ergeben sich, von 100 zu 100 Meter aufsteigend, folgende Unterschiede:

1 zu 2: 6.0 Tage
2 „ 3: 6.6 „
3 „ 4: 8.1 „
4 „ 5: 2.5 + „
5 „ 6: 0.7 + „
6 „ 7: 3.5 „
Mittel 4.6 Tage.

Wir finden demnach, dass der Coëfficient mit zunehmender Höhe nicht constant bleibt, ja dass er auf der Stufe von 300 und 400 Metern vorübergehend abnimmt.

Fruchtreife. (Giessen 8. IX., 5 Jahre).

Ordnung nach der Zeitfolge.

Vor G.: 25 Tage Wien, 22 Brünn, 13 Krakau, Prag, 1 Kirchdorf, Stettin.

Giessen: 10. September.

Nach G.: 1 Tag Dijon, 2 Schemnitz, 3 Wilten, 7 Hermannstadt, 9 München, 10 Biala, Kremsmünster, Rottalowitz, 13 Utrecht, Ischl, 23 Ostende, Kopenhagen, 25 Oostkapelle.

So wenig zahlreich diese Stationen sind, so lässt sich doch bei der kartographischen Uebersicht Folgendes entnehmen. Diese spät-blühende und spät fruchtende Pflanze wird entschieden begünstigt durch die höhere Wärme der continentalen Sommer. Die östlichen Punkte, soweit sie nicht in bedeutenderen Höhen liegen, sind voraus, was namentlich im Vergleiche zur Westküste (Niederlande) hervortritt.

Ordnung der östlichen Stationen nach der Höhe.

1. ab 100 Meter Wien . . . . Mittel + 25.0 Tage.
2. „ 200 „ Prag, Brünn, Krakau . . . „ + 16.0 „
3. „ 300 „ Biala, Kremsmünster . . . „ — 10.0 „
4. „ 400 „ Hermannstadt, Kirchdorf,
Rottalowitz, Ischl . . . . „ — 7.2 „
5. „ 500 „ München, Wilten . . . . „ — 6.0 „
6. „ 600 „ Schemnitz . . . . „ — 2.0 „

Hieraus ist ersichtlich, dass der Einfluss der Höhe auf die Frucht-reife ein sehr bedeutender ist, namentlich von 200 zu 300 Meter. In weiteren Höhen nimmt die Verzögerung aber ab, wie wir dasselbe Phänomen auch bei der Blüthe von 300 nach 600 Meter fanden; was schwerlich genügend begründet ist.

Die Differenz von Stufe zu Stufe beträgt für:

1. 100 : 199 Meter . . 9.0 Tage.
2. 200 : 299 „ . . 26.0 „
3. 300 : 399 „ . . 2.8 „
4. 400 : 499 „ . . 1.2 „
5. 500 : 599 „ . . 4.0 „

Mittel 8.6 Tage.

Jedenfalls aber ist der Coëfficient der Verzögerung mit der Höhe für die Fruchtreife weit grösser, als für das Aufblühen, was durch den frühen Eintritt des Herbstes, also die sinkende Temperatur, im höheren Gebirge verständlich wird.

Für eine Untersuchung des B r e i t e -Einflusses ist das Material zur Zeit ganz ungenügend.

I n t e r v a l l zwischen Blüthe und Frucht. (Giessen, 93 Tage).

Ordnung nach der Grösse des Unterschieds.

75 Tage Prag, 76 Wien, 78 Brünn, Stettin, 81 Kirchdorf, 83 München, 88 Schemnitz, 89 Wilten, 90 Kopenhagen (?, nur 3 Jahre beob.), 92 Krakau, 93 Giessen, 94 Kremsmünster, 95 Biala, Dijon, 100 Utrecht, 101 Oostkapelle, Ischl, Rottalowitz, 106 Ostende.

Hiernach ist das Intervall am kleinsten im continentalen Ostgebiete, nimmt zu nach der Westküste hin (Giessen, Dijon) und erreicht in den Niederlanden den grössten Betrag. Ebenso macht sich der Einfluss der Höhe im Sinne der Verzögerung entschieden geltend.

Ordnung der östlichen Stationen nach der Höhe:

1. ab 100 Meter	Wien	Mittel	76	Tage.
2. „ 200 „	Prag, Brünn, Krakau	„	82	„
3. „ 300 „	Biala, Kremsmünster	„	94	„
4. „ 400 „	Hermannstadt, Kirchdorf, Rotta-			
	lowitz, Ischl	„	97	„
5. „ 500 „	München, Wilten	„	86	„
6. „ 600 „	Schemnitz	„	88	„

Die Differenz beträgt für Stufe

1 zu 2: 6 Tage.
2 „ 3: 12 „
3 „ 4: 3 „
4 „ 5: 11 + „
5 „ 6: 2 „

Von Stufe 4 zu 5 dreht sich der Werth vorübergehend um; ob die Beobachtungen genügend?

Lonicera tatarica, erste Blüthe.

(Giessen, 1. V., 13 Jahre; Mitteltemperatur + 7.8° R.)

Die ziemlich spärlichen Stationen umfassen Mitteleuropa, ferner einige Punkte des Nordostens; England nicht vertreten. Die Stationen ordnen sich in folgender Weise nach der Zeitfolge. (Die mit 10- und mehrjährigen Beobachtungen sind durch * bezeichnet.)

Vor Giessen: 27 Tage Modena, 18 Karabagh *, 17 Namur *, 10 Antwerpen, 1 Utrecht.

Nach G.: 1 Tag Wien, 5 Cassel *, 6 Ostende *, 9 Klagenfurt, Güns, Prag, 10 Brüssel *, Gent, Hermannstadt, 11 Kischeneff *, 12 Kronstadt, Warschau *, 15 Brünn *, Tübingen, 18 Vinderhoute, 19 Stettin, 21 Krakau, 26 Kopenhagen *, 32 Riga, 33 Karlskrona *, 36 Christiania *, 40 Petersburg *, 45 Vasa.

Geographische Uebersicht.

Nach Norden regelmässige successive Verspätung mit wachsender Breite; ebenso nach Ost und Südost, entsprechend dem späteren Erwachen des continentalen Frühlings. In den Niederlanden meist Verspätung (mit Ausnahme von Antwerpen — nur 4-jährige Beobachtungen — und dem geschützt gelegenen und in fast allen Fällen begünstigten Namur), was in der langsamen, durch die Küstenlage bedingten Aufsteigen der Temperatur-Curve des (früh erwachenden) Frühlings vom April zum Mai begründet ist. (Die April-Isotherme von 8° läuft noch ganz parallel dem 50. Breitegrade von Brest nach Odessa; erst die Mai-Isotherme steigt rasch nach Osten; von Nord-Irland nach dem mittleren Norwegen.)

Erste Fruchtreife. (Giessen, 26. VI., 6 Jahre.)

Es liegen hierfür von dieser für phaenologische Beobachtungen in hohem Grade geeigneten Phase nur wenige Beobachtungen vor; von den Stationen erreicht und überschreitet nur Petersburg 10 Beobachtungs-Jahre; daher kaum etwas Sicheres zu schliessen ist. Nach der Zeitfolge würden sich die Stationen vorläufig in folgender Weise ordnen:

Vor G.: 33 Tage Modena, 5 Wien.

Nach G.: 1 Tag Güns, 2 Prag, 8 Brünn, 26 Ostende (zweifelhaft; 22. VII. statt 22. V.), 30 Kopenhagen, Petersburg, 33 Libelits in Finnland, 37 Krakau, Riga.

Bezüglich des Zeitintervalls von der ersten Blüthe zur ersten Fruchtreife würde sich folgende Serie ergeben: 46 Tage Petersburg, 47 Güns, Wien, 49 Brünn, Prag, 50 Modena, 56 Giessen, 69 Kopenhagen, Riga, 72 Krakau, 76 Ostende. Dies deutet auf Verlangsamung durch das Küstenklima, Beschleunigung im Norden (lange Sommertage) und Osten (continentaler Sommer). Indess finden sich anscheinend mehrere Ausnahmen.

Rubus Idaeus, Himbeere, erste Blüthe. (Giessen, 31. V., 5 Jahre.)

Hierzu Tafel 2 und 3.

Das durch Beobachtungen vertretene Gebiet umfasst Mittel- und Nordeuropa und wird durch folgende Punkte umgrenzt: England, Norwegen, Finnland, Moskau, Ungarn, Lombardei, Dijon.

Ordnung nach der Zeitfolge, mehrjährige Beobachtungen.

(* 10 und mehr Jahre.)

Vor Giessen: 25 Tage Laufen (?), Wynigen (?), 23 Parma, 18 Laibach, 17 Slemien, 16 Nidau (?), Utrecht, 14 Wien *, 13 Namur, 12 Bludenz, Brünn, Frankfurt, 11 Brüssel *, Cilli, Hermannstadt *, Podgorze *, 10 Dijon, Krakau *, 9 Bennisch, Biala *, Mediasch, Swaffham *, 7 Gent *, Hausdorf *, Rugby, 6 Varssefeld *, 5 Wilten, Wimmis, 4 Cassel *, Lemberg, Lierre, Prag, 3 Catsfield *, Mormont, 2 Altendorf, Gresten, Leutschau *, Linz, St. Paul, Stettin, 1 Kalksburg, Oostkapelle.

Gleich mit G.: Beroie *, Boltigen, Königsberg i. Ung., Kreuzburg, Marlborough *, Rottalowitz *, Tarnopol.

Nach G.: 1 Tag Kirchdorf i. Ö., Klagenfurt *, Niesky, Salzburg, Senftenberg *, 2 Antwerpen, Berlin, Biecz *, Ischl *, Kremsmünster *, Pruntrut *, Borrby ? (Schweden), 3 Admont, Iglau, Leibitz, Lienz *, Schemnitz, 4 Zaandam *, Zloczow, 5 München, Ostende *, 6 Krzeyowice *, Selborne *, 7 Felka, Stavelot, Thorberg *, 9 Karlskrona, 10 Warschau *, Christiania *, 11 Riga, 12 Bärn *, 13 Bleiberg, St. Jakob i. Ö., Rüeggisberg, Valogne, 14 Trachselwald, 15 Tübingen, 16 Karis F*), 18 Gastein, 19 Nadendal * (F), 20 Walkringen, 22 Moskau, Petersburg *, Kisko * (F), 23 Abo (F), 24 Längenei, Vest Slidre *, 25 Janakkala * (F), Kökar (F), Salo * (F), Tenala (F), 26 Kides * (F), Vichtis (F), 27 Kostroma *, Lemland (F), 29 Jomala (F), 31 Multia * (F), Puolanko * (F), Sordavala (F), 32 Birkkala (F), 36 Helsingfors (F), 38 Rovaniemi (F), 39 Jakobstad (F), 52 Jidensalmi (F).

Kartographischer Ueberblick.

Im mittleren Europa zeigt sich eine (zweifelhafte) Begünstigung des Seeklima's durch früheres Aufblühen, indem die Isophane 0 (Giessen) von NW nach SO — allerdings schwach — sinkt: eine für diese späte Zeit auffallende Erscheinung. Sie zieht vom mittleren England (3 Stationen voraus, 2 zurück) nach Amsterdam, Cassel, Prag, Lemberg. Ganz ähnlich die Isophane + 10 Tage: Catsfield, Gent, Wetterau, Donau, Wien.

*) F   Finnland.

Die Minus-Isophane — 10 Tage zeigt eine ähnliche Richtung: Christiania-Riga, ist aber schwach begründet. Die Linie — 20 Tage zieht durch die Alands-Inseln, folgt der Südküste von Finnland nach Osten und geht dann nach SO über Petersburg nach Moskau. In der Hoch-Schweiz (mit kürzeren Sommertagen) kann die Himbeere bei einer Verspätung von mehr als 25 Tagen nicht mehr gedeihen, während sie in Nordfinnland in Betracht der Intensität des hochnordischen Sommers noch bei 52 Tagen Verspätung der Blüthe vorkommt.

Geographische Breite.

Zur Ermittelung des Breite-Coëfficienten stellen wir innerhalb des continentalen Gebietes, also etwa vom 28. Grad F. östlich alle niederen Punkte (0 bis 160 Meter) in Gruppen zu je 5 Breitegraden zusammen und erhalten auf diese Weise folgende mittleren Unterschiede in Tagen gegen Giessen.

	Breite	Stationen	Mittel für 5°	Mittel für 1°	Differenz
a.	ab 65°	1	— 38.0	— 7.6	) 1.9
b.	„ 60°	19	— 28.4	— 5.7	) 2.3
c.	„ 55°	6	— 16.8	— 3.2	) 2.7
d.	„ 50°	3	— 3.3	— 0.7	
			Mittel — 4.3	— 2.3	

Wir erhalten hiernach auf den Breitegrad eine Verzögerung von 4.3 Tagen im Mittel, im hohen Norden abnehmend, im Einzelnen freilich etwas schwankend, was in Betracht der unzureichenden Zahl der Beobachtungen nicht anders zu erwarten war. Der mittlere Coëfficient — 2.3 stimmt recht genau mit demjenigen für die einen Monat früher fallende Apfelblüthe — 2.5.

Meereshöhe. 1. Alpengebiet.

1.	ab 200 M.	3	+ 10.0	) 9.3 +
2.	„ 300 „	3	+ 0.7	) 1.0
3.	„ 400 „	8	+ 1.7	) 3.3
4.	„ 500 „	5	— 1.6	) 1.4
5.	„ 600 „	2	— 3.0	) 6.5
6.	„ 700 „	2	— 9.5	) 0.5
7.	„ 800 „	2	— 10.0	) 2.4 +
8.	„ 900 „	5	— 7.6	
			Mittel 5.5	

Wir erhalten hiernach in Betracht des ungenügenden Materials keinen irgendwie constanten Coëfficienten.

2. Böhmen bis Karpathen.

1.	ab	100	M.	1	} 14.0	) 10.1
2.	„	200	„	7	: 3.9	) 5.1 –
3.	„	300	„	1	: 9.0	) 3.7 ⊦
4.	„	400	„	3	⊦ 5.3	) 6.1
5.	„	500	„	5	— 0.8	) 4.2
6.	„	600	„	2	— 5.0	

Also auch hier, aus demselben Grunde, kein brauchbares Resultat.

Erste Fruchtreife. (Giessen, 3. VII, 8 Jahre.)
Das vertretene Gebiet ist ungefähr dasselbe wie bei der Blüthe.
Ordnung nach der Zeitfolge, mehrjährige Stationen.
(* 10 und mehr Jahre.)

Vor Giessen: 12 Tage Cilli, 11 Roches * (?), 10 Wien, 7 Brüssel *, Dijon, Lierre, Parma, 5 Kalksburg, Mediasch, 4 Brünn, Frankfurt, 3 Hermannstadt *, Königsberg i. U., 2 Bludenz, Gresten, Klagenfurt, Prag *, Varssefeld *, 1 Lienz, Swaffham-B., Zaandam *.
Gleich mit G.: Altendorf.
Nach G.: 1 Tag Cobham *, Grübenburg, Krakau, Laibach, Tarnopol. 2 Biala *, Oostkapelle, Zloczow, 3 Podgorze *, Schemnitz, Stettin *, 4 Utrecht, 5 Linz, St. Paul, Rottalowitz *, Salzburg *, Senftenberg *, 6 Mormont, Wilten, 7 Kremsmünster *, 8 Biecz, Siemien, 9 Niesky, 10 Bennisch, Leutschau, 11 Gent, Riga, 12 Lemberg, Wynigen, 13 Kirchdorf i. Ö. *, 14 Väderum S*), 15 Leibitz, Pruntrut *, Backgarden (S), Sköldinge (S), Söderakra (S), 16 Antwerpen, Felka, 17 Ostende *, Valogne, Glimakra (S), Näshulta (S) 18 Arvavarallya, Krzezowice *, Rackeby (S), Regineberg (S), 19 Bärn *, Laufen (?), Aras (S), Tärna (S), 20 Bleiberg, St. Anna (S), Björkoik (S), Frösaker (S), Göteborg (S), Gumlösa (S), Öjared (S), Vexiö (S), Kimito F*), Viborg (F), Vichtis (F), 21 Björkholm (S), Gillberga (S), Tomarp (S), 22 Ischl *, Thorberg *, Äs (S), Holmstad (S), Skenäs(S), 23 München, Petersburg, Göstad (S), Runtuna (S), Spellinge (S), Lemland (F), 24 Hjelmsäter (S), Lackebo (S), Noresund (S), Östana (S), Rankhyttan (S), Salo (F), 25 Admont, Elofsbyn (S), Frötuna (S), Harg (S), Kasatter(S), Abo *(F), 26 Domö (S), Huntly (S), Mossebo (S), Tystberga (S),

* S) Schweden. * F) Finnland.

Ekenäs (S), Hattula (F), Kisko * (F), Nadendal (F), Sulkawa (S),
Thusby (S), Villmanstrand (F). 27 Hausdorf *, Jomala (F), 28 Moskau,
Nidau, Borrby (S), Hadeholm (S), Lenhofda (S) Svarta (S), Torsang (S),
Helsingfors (F), Kides * (S), Sysmä (F). Tenala (F), Vasa (F), 29 Rüeggis-
berg, Fredriksdal (S), Hofby (S), Kilafors (S), Skara (S), Varnum (S),
30 Beroie *, Kostroma *, Längenei, Bred (S), Stocksberg (S), Uppakra (S),
Karkku (F), Kökar (F), 31 Gastein, Skinskatteberg (S), Tammela * (F),
32 Walkringen, Ekelsjö (S), Lessebo (S), Nottebäck (S), Karis (F),
Tolmajärvi (F), 33 Boltigen, Hagbult (S), (5. VIII). Birkkala (F),
34 St. Jakob i. Ö., Forsa (S). Löpanäs (S), Segerstad (S), Solberga (S),
Torpa (S), Janakkala * (F), Kuru (F), 35 Hellefors (S), Hju (S), Jakobstad (F), Impilaks (F), Multia * (F), 36 Hafdem (S), 37 Vulmsta (S),
38 Framnäs (S), Junsele (S) Lappajärvi (F), 39 Vingäng (S), Kronoby (F),
Puolanko * (F), Sordavala (F), 40 Skeppsholmen (S), 41 Miksäter (S),
Alajärvi (F), 43 Elisborg (S), 44 Nykarleby (F), 45 Trachselwald *,
Stugun (S), 46 Aminne (S), Ope (S), Umea (S), Kajaua (F), 48 Rovaniemi (F),
49 Ytter-Länuäs (S), 57 Vest-Slidre * (Norweg.). 58 Löfanger (S).

Geographischer Ueberblick.

Die Isophane Null (Giessen) in Mitteleuropa zeigt in niederen
und mittleren Höhelagen bezüglich der Fruchtreife dieselbe Richtung
von NW nach SO, wie bei der Blüthe, welche vielleicht durch das
Seeklima begünstigt war, ist also als eine Nachwirkung dieser Begünstigung aufzufassen, was in Betracht des ganz allgemein sehr
kurzen Intervalls zwischen Blüthe und Fruchtreife bei dieser Pflanze
nichts Auffallendes hat, zumal die Periode in das Sommer-Solstitium fällt.
Diese Isophane läuft von Mittel-England über Zaandam, Prag, Nord-
ungarn nach Siebenbürgen. — Die Isophane — 20 Tage umkreist ganz
Süd-Schweden parallel der Küste; das Innenland ist, wie gewöhnlich,
zurück, stellenweise bis 31 und 35 Tage; oberhalb Stockholm sinkt sie
SO nach Riga. — Die Isophane — 30 Tage tritt unter Christiania in
Schweden ein, steigt steil nach NO, entsprechend der nun (Anfang
August) in Wirkung tretenden Einwirkung des nordischen Sommers mit
langen Tagen, erreicht Finnland bei 63°, schwenkt sich dann parallel
der Küste gegen SO, um weiterhin nordöstlich wieder schwach aufzu-
steigen, worauf sie den Ladoga-See nördlich umkreist und dann südöstlich nach Moskau und Kostroma sinkt. — Einzelne Ausnahmspunkte
sind hierbei ignorirt.

Die Schweiz hat keine Station vor Giessen, sie verhält sich wie Südschweden, ein Punkt erreicht sogar — 45 Tage, was in Schweden erst unter 62° nördlicher Breite vorkommt. Dagegen sind in Tyrol und Kärnthen einige Stationen voraus, namentlich, wie gewöhnlich, Bludenz und noch mehr Cilli (+ 12 Tage).

Geographische Breite.

Bilden wir aus den niedrig gelegenen Stationen (0 — 160 M.) im Continentalgebiete östlich vom 28. Grad F. Gruppen zu je 5 Grad, so erhalten wir folgende mittleren Werthe der Verspätung in Tagen gegen Giessen.

	Stationen.	Mittel. Tage für 5° 1°	Differenz von Grad zu Grad.
a. ab 65°	1	— 48.0 — 9.6	3.4
b. „ 60°	39	— 31.1 — 6.2	1.0
c. „ 55°	8	— 26.0 — 5.2	
		Mittel 2.2	

Für die niederen Breiten fehlt es an geeigneten Stationen.

Wir erhalten hier einen mittleren Coëfficienten von — 2.2 Tagen per Grad, also gerade wie bezüglich der Blüthe (— 2.3). Allein im Einzelnen weichen die Werthe zwischen c b und b a doch sehr ab; indess ist hieraus wenig zu schliessen, da a nur durch eine Station vertreten ist.

Meereshöhe. 1. Schweizer und österreichische Alpen.

Sammeln wir die Stationen in Gruppen zu je 100 Meter, so erhalten wir folgende Unterschiede in Tagen gegen Giessen.

	Stationen.	Mittel.	Differenz.
1. ab 200 Meter	3	+ 5.3	14.3
2. „ 300 „	4	— 9.0	1.6
3. „ 400 „	8	— 10.6	4.8
4. „ 500 „	4	— 15.4	+ 3.4
5. „ 600 „	3	— 12.0	18.0
6. „ 700 „	1	— 13.0	2.0
7. „ 800 „	2	— 32.0	0.4
8. „ 900 „	5	— 32.4	

Also kein irgendwie brauchbares Resultat, wohl in Folge unzureichender Beobachtungen.

7*

2. Erzgebirge bis Karpathen.

		Stationen.	Mittel.	Differenz.
1.	ab 200 Meter	7	— 2.6	) 1.3
2.	„ 300 „	3	— 1.3	) 6.7
3.	„ 400 „	3	— 6.0	) 2.7
4.	„ 500 „	4	— 8.7	) 0.8
5.	„ 600 „	2	— 9.5	)

Also wie vorhin.

Intervall zwischen Blüthe und Fruchtreife. (Giessen 33 Tage.)
Geordnet nach der Dauer.

25 Tage Helsingfors (F), 27 Vichtis (F), 28 Zaandam, 29 Kalksburg, Lienz, Jakobstad (F), Lemland (F), 30 Klagenfurt, Königsberg i. U., Lierre, 31 Zloczow, Jomala (F), 32 Cilli, Salo (F), 33 Giessen. Gresten, Riga, Schemnitz, 34 Petersburg, Tarnopol, Birkkala (F), 35 Altendorf, Kostroma, Prag, Abo (F), Kides (S), 36 Dijon, Oostkapelle, Tenala (F), 37 Brüssel, Mediasch, Salzburg, Senftenberg, Valogne, Varssefeld, Wien, Kisko (F), Kökar (F), Multia (F), 38 Kremsmünster, Rottalowitz, Stettin, 39 Biecz, Längenei, Moskau, 40 Bärn, Bleiberg, Linz, St. Paul, Nadendal (F), 41 Brünn, Frankfurt, Hermannstadt, Niesky, Swaffham, Janakkala (F), Puolanko (F), Sordavala (F), 42 Felka, Mormont, 43 Bludenz, Rovaniemi (F), 44 Biala, Krakau, Wulkringen, Wilten, 45 Kirchdorf i. Ö., Krzezowice, Leibitz, Leutschau, Ostende. 46 Gastein, Pruntrut, 47 Antwerpen, Podgorze, 48 Lemberg, Rüeggisberg, Thorberg, Karis (F), 49 Parma, 51 Gent, München, 52 Bennisch, Laibach, 53 St. Jakob i. Ö., Ischl, Utrecht, 55 Admont, 58 Siemien, 59 Borrby (Schwed.), 63 Beroie, Trachselwald, 65 Vest-Slidre (Norweg.), 66 Boltigen, 67 Hausdorf, 70 Wynigen, 77 Nidau.

Geographischer Ueberblick.

Aus diesem ergiebt sich, trotz manchem Unsicheren in den Einzelangaben, dass der hohe Norden (Finnland) in zahlreichen Stationen ein erheblich kürzeres Intervall hat, als Giessen, im Minimum 25 Tage); die spätesten Stationen (Rovaniemi weit jenseits des Polarkreises, nur 43 Tage); Petersburg steht dicht bei Giessen; offenbar in Folge der langen Sommertage. Aehnlich (durch südliche und geschützte Lage) einige Thalkessel von Tyrol, Kärnthen und Steyermark (Minimum Lienz mit 29 Tagen), ebenso einzelne Punkte in Ungarn und Galizien. Die Schweiz dagegen, wo jene Wärme-Compensation fehlt, hat allgemeine

Verlängerung des Intervalls, im Maximum bis zu 63 und mehr Tagen. Verlängerung zeigen auch die Niederlande (mit Ausnahme von Zaandam 28 und Lierre 30); Gent hat 51, Utrecht 53; England (Swaffham) 41.

Breite. Stellen wir die niederen Stationen (0—160 M.) des continentalen Gebietes vom 28. Meridian F. östl. in Gruppen zu je 5 Graden zusammen, so erhalten wir folgende mittleren Verlängerungen in Tagen.

		Stationen.	Verlängerung auf		Differenz.
			5°	1°	
a.	ab 65°	1	— 43.0	— 8.6	
b.	„ 60°	19	— 35.2	— 7.4	1.2
c.	„ 55°	4	— 41.5	— 8.3	0.9
d.	„ 50°	2	— 39.5	— 7.9	0.4
e.	„ 45°	2	— 37.0	— 7.0	0.9

Mittel 0.9

Wenn auch in Folge unzureichender Zahl der Beobachtungen die Zunahme der Verlängerung des Intervalls nicht als eine ganz gleichmässige sich herausstellt, so ergiebt sich doch soviel, dass der Coëfficient von ca. 1 Tag Verlängerung per Breitegrad im hohen Norden von c nach b (Finnland) schwächer wird und überhaupt ein ungemein kleiner ist, (a hat nur eine Station und bleibt desshalb hier unbeachtet), was bei solchen dem Hochsommer des Nordens angehörigen Phasen, wie erste Blüthe und Fruchtreife der Himbeere, leicht zu verstehen ist, indem im Hochsommer die klimatischen Unterschiede von Süd und Nord im Continentalgebiete sich mehr und mehr ausgleichen.

Meereshöhe. 1. Alpengebiet der Schweiz und Oesterreichs.

Gruppiren wir die Stationen in Zonen von je 100 Meter, so erhalten wir die folgende mittlere Verlängerung des Intervalls mit der Höhe.

			Stationen.	Mittel.		Differenz.
1.	ab 200	Meter	4	37.5	Tage.	1.8
2.	„ 300	„	3	39.3	„	6.1
3.	„ 400	„	8	45.4	„	2.4
4.	„ 500	„	5	47.8	„	3.5
5.	„ 600	„	3	51.3	„	—
6.	„ 700	„	1	39.0	„	..
7.	„ 800	„	2	55.0	„	2.4
8.	„ 900	„	5	57.4	„	

Mittel 3.2

Hiernach beträgt der Coëfficient der mittleren Verlängerung des Intervalls zwischen Blüthe und Frucht 3.2 Tage für 100 Meter, wobei Zone 5 und 6 ignorirt sind, weil offenbar fehlerhaft; ebenso ist Zone 2 zu 3 (6.1 Tag) sehr zweifelhaft, und dürfte der Coëfficient demnach correcter Weise etwas geringer als 3.2 Tage auf 100 Meter sein.

2. Erzgebirge bis Karpathen.

		Stationen.	Mittleres Intervall.	Differenz.
1.	ab 200 Meter	7	39.3 Tage.	) — 0.3
2.	„ 300 „	2	39.0 „	) · 5.3
3.	„ 400 „	3	44.3 „	) — 1.6
4.	„ 500 „	4	41.7 „	) · 3.7
5.	„ 600 „	2	38.0 „	

Hier ergeben sich ganz unbrauchbare Werthe, entsprechend dem dürftigen Beobachtungsmaterial.

Vitis vinifera, Weinstock, erste Blüthen.
(Giessen, 14. VI.; 33 Jahre.)

Ordnung nach der Zeitfolge. (Mehrjährige Beobachtungen; * 10 und mehr Jahre.) Das Beobachtungsgebiet umfasst im Wesentlichen Mitteleuropa.

Vor Giessen: 49 Tage Coimbra, 44 Athen, 37 Lesina *, Triest, 34 Graz * ?, Tiflis, 25 Costozza, 22 Florenz, Niederried ? 20 Agram, 19 Parma, 18 Görz, 17 Laufen, 16 Botzen, Modena, 15 Puszten bei Pest, 14 Innsbruck, Winnnis ?, 13 Mannheim, Padua, Würzburg, 10 Riva, 9 Stuttgart *, 8 La Rochelle, Ofen, 7 Neuenstadt, Sarospatak, Wien *, 6 Brünn *, Namur, Nidauberg, 5 Erlau, Venedig *, Pilis Jenö, 4 Cannstadt *, Esslingen, Fünfkirchen, Pessan, Rosenau, Schönthal *, Wynigen, 3 Aschaffenburg *, Winkel a. Rh., 2 Cöln, Friedrichshafen *, Kischeneff *, Laibach, Mediasch *, Oravicza, 1 Basel *, Cilli, Dyck, Linz *, St. Martin, Trier *, Tübingen, Weinsberg *.

Gleich mit G.: Bludenz *, Bruchsal *, Genf, Hermannstadt *, Kremsier.

Nach G.: 1 Tag Cassel *, Gent, Glarus *, Klagenfurt *, Mautern, Salzburg *, Thorberg *, Trzemeszno, 2 Dijon, Erbach, Frankfurt * ? Heilbronn *, Roches, 3 Güns *, Micheldorf, Monsheim * ? Prag *, Vicenza-Riello, 4 Bregenz, Kaichen, Marschlins, Pfullingen, Stavelot, 5 Kiew, Kirchheim u. T., St. Paul, Wilten, 6 Breslau, Kalksburg, Kochersteinsfeld,

Küssnacht, Winnenden *, Zürich * (42 Jahre), 7 Kremsmünster *, Lienz
(21. VI)*, 8 Gross-Altdorf, Pruntrut *, 9 Altendorf, Wangen b. St. *,
10 Lemberg, Oberstetten *, Ratzeburg, Regensburg, 11 Görlitz *, Grabnik,
Gurzelen *, Oehringen *, Rottalewitz *, Sondelfingen, 12 Brüssel *, Niesky,
Ravensburg, Sutz, 13 Berlin, Leutschau *, Sultan, Steinbeck, 14 Braunschweig *, Utrecht, Wünschelburg, 15 Admont, Kreuzburg *, Kronstadt *,
Nördlingen, 16 Gleiwitz, Ischl *, Ostende, 18 Petersburg, 19 Selborne *,
21 Kappeln, Lund (Schwed.), 23 Nidau, 24 Catsfield *, 25 Kopenhagen *,
Memel, Nordberg, 28 Stettin, 29 München, 42 Kupferberg.

Kartographischer Ueberblick.

Das Aufblühen des Weinstockes bezeichnet bei uns den Anfang
des Sommers, es tritt im mittleren Deutschland kurz vor dem längsten
Tage ein. Demgemäss ist auch im Gebiete des Küstenklima's eine begünstigende Nachwirkung der milden Winter nicht mehr zu erwarten.
Die Linie gleicher Aufblühzeit (Isophane) Null (Giessen) läuft unterhalb Englands her, welches 19—24 Tage Verspätung zeigt (2 Stationen)
und zieht sich dann mit sehr schwacher Senkung ostwärts über Süd-
belgien, den Niederrhein, Franken, nach Mähren und der ungarischen
Fläche nebst Bessarabien. Davon südlich liegt eine Zone mit buntem
Gemische von geförderten und verzögerten Stationen, je nach der
Meereshöhe, Exposition und dem Boden, welche bei dieser Culturpflanze
höchst einflussreich sind, aber für vergleichende Klimatologie nur localen
Werth haben. Im Allgemeinen erscheint hier mehr Förderung als bei
wild wachsenden Pflanzen, wie z. B. der Eberesche (Sorbus aucuparia),
indem selbstverständlich womöglich immer die wärmste Exposition für
den Anbau dieses Gewächses ausgesucht wird. Auch mag unter den
Beobachtungen viel Mangelhaftes dadurch entstanden sein, dass die
Einen Spalierpflanzen beobachtet haben, Andere solche des freien Landes,
was unter Umständen recht bedeutende Differenzen bedingt. So steht
Graz mit 34 Tagen Vorsprung (nach 28jährigen Beobachtungen) ganz
isolirt in der Umgebung.

Die Schweiz und Tyrol, welche in die Zone mit 1 bis 10 Tagen
Vorsprung fallen, zeigen vielfach dicht neben einander grosse Unterschiede. In der Schweiz schwanken die Werthe von + 1,6, selbst 17
Tagen bis — 23. Der Neuchateler und Bieler See scheinen mehr begünstigt als Genf, bei gleicher Meereshöhe, welchem letzteren aber als

am Südufer gelegen, der fördernde Einfluss des Strahlen-Reflexes der südlich stehenden Sonne von der Oberfläche des Sees abgeht. Aehnliche Mannigfaltigkeit zeigen die warmen Thalsenkungen Württembergs mit dem Nekarthal neben den Plateaus der Alp; die Werthe schwanken von + 1 und (einzeln) 13 bis — 11. Aehnlich auch Tyrol, wo einmal + 16 erreicht wird. Auch der Donaulauf von Linz an ist, wie bei so vielen Pflanzen, begünstigt; ebenso Mähren.

Jenseits der Alpen kommen (in der Lombardei) 13 bis 25 Tage Beschleunigung vor, in Triest sogar 37; in Südungarn 20. Noch früher sind Portugal, die dalmatischen Inseln, Athen und Tiflis. —

Nach Norden hin schliesst sich der Isophane Null eine Zone mit 1 bis 10 Tagen Verspätung an (Cassel-Prag). Die Zone — 11 bis 20 umfasst den belgischen Küstenstrich (mit Brüssel), Utrecht, Hannover, die Mark, Schlesien, Galizien, Ostpreussen. Mit solcher Verspätung ist im Allgemeinen die erfolgreiche Reifung von Früchten und damit der Anbau im Grossen (als Nutzpflanze) ausgeschlossen und daher seit lange aufgegeben. Darauf folgt die Zone mit — 21 bis 30 Tagen, welche Holstein, Alsen, Stettin, Kopenhagen und Memel einschliesst; weiter nördlich, z. B. in Finnland, kommt der Weinstock nur noch als Zierpflanze an Hauswänden vor und reift nicht oft, Stationen mit unter 30 Tagen kommen überhaupt nicht vor. Für Petersburg zeigt die Varietät amurensis aus Sibirien nur 18 Tage Verspätung. — Bezüglich der Fruchtreife ist eine Zusammenstellung unausführbar, da die aufs Aeusserste getriebene Züchtung von Früh- und Spätsorten jede statistische Beobachtung unmöglich macht. Der Rheingau mit seinen berühmten spät reifenden Rieslingen würde z. B. klimatisch sehr ungünstig erscheinen, während er thatsächlich durch Gebirgsschutz gegen Norden und durch Strahlenreflex des Rheinspiegels von Süden her entschieden begünstigt ist.

In ähnlicher Weise habe ich bereits früher eine Anzahl phaenologisch interessanter Species statistisch-geographisch und vergleichend klimatologisch bearbeitet, auf welche hier verwiesen sein möge:

Secale cereale (Thiel's landwirth. Jahrbücher 1885, XIV, p. 841, mit Taf. X und XI).

Prunus spinosa und Padus (Engler's botan. Jahrbücher VII, 1885, S. 146, mit 2 Karten).

Prunus Cerasus, avium, Narcissus poeticus, Lilium candidum (Gartenflora 1885, S. 355 mit Taf. 1211).

Sambucus nigra (Klein's Wochenschrift f. Astronomie etc. 1886, Nr. 3 bis 5, S. 21 f.).

Aesculus Hippocastanum (Botanische Zeitung 1886, Nr. 69 f).

Sorbus aucuparia, Betula alba, Fagus sylvatica, Quercus pedunculata, Tilia grandifolia, (Suppl. zur Allgem. Forst- und Jagdzeitung, XII, 1886, S. 1 f) mit Karte.

Pyrus communis und Malus (Köppen's meteorologische Zeitschrift 1886, S. 113) mit Karte.

Im Allgemeinen ergiebt sich, dass noch sehr viele Lücken in den Beobachtungen auszufüllen sind. Es ist zu erwarten, dass in einigen Jahrzehnten die Beobachtungen, nach im Wesentlichen übereinstimmendem Programm ausgeführt, eine reichere Ernte für die Bearbeitung liefern werden.

V. Areale der wichtigsten Pflanzen
für phaenologische Beobachtungen in Europa.

Mit Tafel 4 bis 7 (enthaltend 32 Kärtchen).

Nachdem ich vor mehreren Jahren eine Reihe von Pflanzen zur international-europäischen Annahme für vergleichend-phaenologische Beobachtungen vorgeschlagen hatte, die denn auch mehr oder weniger vollständig in die neuesten Schemata der verschiedenen Länder aufgenommen sind, so will ich hier zu deren weiterer Empfehlung noch Einiges bemerken.

Dieselben waren, wie ich bereits damals sagte, auf Grund vieljähriger eigener Erfahrung und eingehenden literarischen Studiums ausgewählt und zwar unter den Gesichtspunkten: bereits seither stattgehabter vielseitiger Beobachtung auf den meisten Stationen; sicherer Unterscheidbarkeit auch ohne besondere botanische Kenntnisse; sicherer Erkennbarkeit der Phasen, und Auswahl der geeigneten Phasen für jede Species; endlich möglichst allgemeiner Verbreitung und häufigen Auftretens durch ganz Europa, sei es im wilden oder im cultivirten Zustande.

Die hier folgenden Karten mit einigen begleitenden Bemerkungen, auf eine umfassende Literaturbenutzung und vielfache Reisen in fast allen Theilen des Gebietes begründet, deren Aufzählung und Erwähnung im Einzelnen den gestatteten Raum um Vieles überschreiten würde, sollen nun dazu dienen, den topographischen Beweis dafür zu liefern, dass jene Auswahl keine willkürliche war, sondern ihre Berechtigung in der Natur der gegebenen Verhältnisse hat; dass also, wer sie annahm, sicher sein konnte, in seinen Beobachtungen nicht isolirt zu sein, d. h. solche ohne allen Vergleichswerth auszuführen, wie früher so vielfach geschehen ist. Sie sollen ferner zeigen, dass, wenn ich die Anpflanzung geeigneter Species (wie Belladonna, Lonicera tatarica, Symphoricarpos racemosa, Ribes aureum, Syringa vulgaris, Aesculus Hippocastanum, Narcissus poeticus, Salvia officinalis, in Betracht der so präcis zu beobachtenden ersten Blüthe oder Fruchtreife und der leichten Cultur) empfahl, eine Berechtigung auch von Seiten der klimatologischen Möglichkeit vorlag, wie durch die kartographisch-übersichtliche Darstellung des Gesammtareals im spontanen Zustand sowie der bisher bekannt gewordenen Anpflanzungs-Stationen, insbesondere der botanischen Gärten*), direct erwiesen wird.

Bezüglich der Arealkarten ist noch zu bemerken, dass es in einem seit Jahrtausenden cultivirten Verschelsfelde wie Europa in sehr vielen Fällen (z. B. Pyrus Malus) unentschieden bleiben muss, wie weit eine überhaupt vorkommende Species cultivirt, verwildert oder wirklich wild ist; auch ist dies für unseren vorliegenden Zweck ohne Bedeutung. Eher lässt sich angeben, wo sie nur cultivirt vorkommt (Aesculus, Secale), d. h. eigentlich nur, dass sie hier nicht verwildert (Salvia officinalis), oder dass wenigstens ihr fremder Ursprung historisch nachgewiesen ist (wie bei Ribes aureum). Manches dahin Gehörige konnte im Texte angedeutet werden.

1. Aesculus Hippocastanum, weissblühende Rosskastanie.

Wild in Europa nur im Pindus (N.-Griechenland), Phthiotis (südl. Thessal.), Innerasien: Persien, Thibet?, n. w. China, Fossil bereits in der jüngsten Wetterauer Braunkohle und bei Leffe (Bergamo). Seit 1576 allgemein aus Asien durch Cultur verbreitet von Gibraltar bis

*) In dieser Beziehung waren mir die jährlich erscheinenden Samenkataloge von besonderem Nutzen, welche diese Institute durch ganz Europa mit einander austauschen, an welchem Tauschverkehr auch der botanische Garten in Giessen seit vielen Jahren betheiligt ist. Einen sehr erheblichen Beitrag lieferten auch die Verzeichnisse der 1991 phaenologischen Stationen, welche in meinen „Resultaten der wichtigsten phaenologischen Beobachtungen in Europa: Giessen 1885" aufgeführt sind. Es ist sehr zu bedauern, dass die grosse Mehrzahl der Localfloren keine Angaben über die gewöhnlichsten Culturpflanzen enthalten Unerreicht stehen in dieser Beziehung die Arbeiten von Schübeler und Andersson da.

Moskau. In Norwegen bis 63° 25' n. Br. (Throndjem), in Schweden bis 63° (Jemtland), bei 66° (Norrbotten) nicht mehr zu cultiviren, da sie meist erfriert. Finnland, Petersburg. — Ostrussland? Kleinasien? N.-Afrika? Südöstlich Tiflis.

Höhengrenzen: Mittleres Rheingebiet 747 M. (Wildenburg bei Oberstein); Schweiz: Jura 701 M. (Mallerey-Bévilard); in Zermatt 1624 M. nicht mehr gedeihend.

2. Atropa Belladonna, Tollkirsche.

Europa wild. Von Portugal (Matta do Bussaco) bis Schweden (südwestlich verwildert). Krim, Georgien, Caucasus, westliches Mittelasien. Cult. Moskau (fructificirt). — In N.-Amerika östlich vom Mississippi, verwildert in der Nähe der Wohnungen.

Höhengrenzen: Bayerisches Gebirge 1120 M. (Isny), Auvergne 1000 M., Alpen und Pyrenäen 1600 M., in der Schweiz bis zur Grenze der Laubbäume, Italien 1200 M.

3. Betula alba, Koch. Syn. (verrucosa Ehrh.) Weissbirke, Rauhbirke.

(Vgl. auch meine Karte mit ausführlichem Text in Heyer's allgemeiner Forst- und Jagdzeitung, Supplementband VII, 1, Taf. 2, Fig. 6, S. 36 ff.)

Von Granada bis Norwegen zum Nordende 70°, Schweden 62° (nach Andersson bis 65° 19': Pitea). An der Nordgrenze selbst 70jährig nur 8 cm dick. Finnland bis 68° 20': Ounasluntturi und Kyroe 68° 45'. Auf Island und Farøer werden in Torfmooren Birkenstämme von der Dicke eines Mannsschenkels ausgegraben; jetzt lebende nur 20 Fuss hoch; u. A. noch 2 Wälder auf Island (Form intermedia Thom. und pub. Fries ii Reg.) Vorherrschend in Mitteleuropa, auch im Orient und Sibirien. Die Birke erhebt sich in der Schweiz in Krummholzform bis zur Schneegrenze: Bergell; Bayern 1490 M.; auf dem Aetna bis 2176 M.

Will man B. pubescens E. (odorata Bechst., glutinosa Wallr.; carpatica Willd.; Haarbirke, Ruchbirke, Schwarzbirke) als besondere Species gelten lassen, so wäre bez. des Areals (im Vergleiche zu alba verr.) Folgendes zu bemerken. In Portugal selten (Serrao do Marao: 41° 20'). Fehlt in Spanien, Britannien; lebt in Mitteleuropa mehr im Gebirge (meist strauchig, z. B. Brocken); im Nordosten auch in der Ebene, besonders auf Sumpfboden (baumartig), hier (schon um Dorpat) und in N.-Asien grosse Wälder bildend; in Süd-Grönland 12 bis 18 Fuss hoch, 4 Zoll dick. Im nördlichen Schweden, wo verr. fehlt. Norwegen bis Hammerfest 70.2° nur als Gebüsch. Finnland beide Formen: pub. weiter **nach Norden**. In den Alpen steigt pub. 100 M. höher als verr.

4. Cornus sanguinea, Hornstrauch, Hartriegel.

In Norwegen bis 60°: Ringerike; cultivirt bis 68°: Stegen. Schweden bis 61°: Dalsland; cultivirt bis 63°: Jemtland. Finnland 63°: Wasa. Russland 64°: Archangel. Durch Südrussland nach Nord-asien und Persien, auch N.-Amerika.

Höhengrenzen: Opdal (62° 37') 627 M. In der Schweiz bis 1204 M.

5. Corylus Avellana, Hasel.

Shetland-Inseln im Torfe, jetzt nicht mehr lebend. Submarine Wälder von England und Frankreich. Norwegen wild und fructificirend bis 67° 56': Stegen, Schweden wild bis 63°: Själevad, cultivirt bis Norrbotten 66°. Finnland 61° 40', Russland 59°: Wologda, Kasan 56°, Nordasien.

Höhengrenzen: Norwegen bei 68° Breite 94 M.; Norwegen bei 61° Breite 502 M. (in guten Sommern hier noch mit Frucht). Bayr. Alpen 1378 M.; Pyrenäen 1623 M.: Canigou.

6. Crataegus Oxyacantha, Weissdorn.

Von Gibraltar bis Kasan: 56°. Norwegen westlich wild bis 63°: Strongvik; cultivirt bis 67° 56': Stegen; bei Tromsö 69° 40' noch strauchig, aber sehr vom Froste leidend. Bei 64° (Throndjem-Fjord) fruchtreifend, 15 Fuss hoch. Schweden bis 61°: Dal Elf; (monogyna bis Gefle 60° 41'; in Stockholm — beide Arten fructificirend — noch als Baum); cultivirt in Jemtland bis 63°: und bis 66° Norrbotten, wo er aber meist erfriert. Finnland: Wasa 65°, wo ältere Exemplare sich recht gut halten, jüngere weniger. Petersburg nur cultivirt, oft frostleidend. — Mittel- und Nordasien.

Will man Cr. monogyna Jacq., die ca. 11 Tage später blüht, als besondere Species betrachten, so wäre zu bemerken, dass die Areale der beiden Arten in Europa sich fast überall vollständig decken; nur wird für Oxyac. Attica, Thracien und Creta angegeben, nicht für mon.; dagegen für mon. die Balearen und Dalmatien, nicht für Oxyacantha, was offenbar nur auf Uebersehen oder Verwechslung beruht. In Spanien ist mon. viel verbreiteter als Oxyac.

Höhengrenzen: Im südlichen Norwegen 282 M.; Süddeutschland 1370 M.; (monog. in Bayern nur bis 886 M.); Schweiz bis zur Buchengrenze 1591 M.; Alpen der Provence 1600 M.; Algerien 2000 M.

7. Cydonia vulgaris, Quitte.

Ueber diese Pflanze habe ich bereits früher eine Arealkarte mit ausführlicherem Texte publicirt; s. Regel's Gartenflora 1876, S. 197, Taf. 872. Aus Asien über Creta (Cydon); vielfach verwildert, vielleicht auch indigen (Italien, England, Südfrankreich, Donauufer). In Norwegen bis 58° 8': Christiansand, wo die Früchte gewöhnlich reifen; in Christiania 60° nur in warmen Sommern. Cultivirt bis 63° 52': Inderöen, wo er nicht mehr fructificirt. Südschweden bis 55½° gut fruchtend: Stockholm. In Petersburg erfriert die Pflanze vollständig. England: in Suffolk (52°) Stämme von 1 Fuss 4 Zoll Dicke. In Berlin strauchig, gut fruchtend; gedeiht nicht mehr in Ostpreussen.

Elevation. Schweiz: Sion 521 M.; Sierre 541 M.; Schwarzwald: Hornberg 390 M.

8. Cytisus Laburnum, Goldregen, Bohnenbaum.

In Südeuropa wild; auch in der südlichen Schweiz: Genf, Unter-Wallis, Tessin. Norwegen: aus südlicheren Gegenden verpflanzt, geht er bald durch Frost zu Grunde; gedeiht dagegen gut, wenn aus Samen gezogen, oder gepfropft auf C. alpinus. Fructificirt noch in Drontheim 63° 26'; in Stockholm 59° 20' oft frostleidend.

Elevation. Oesterreichische Alpen bis 1493 M.; Wallis: la Forclaz (? Col. de la Forclaz 1556 M.).

9. Fagus sylvatica, Buche.

Eine etwas grössere Arealkarte dieser Species mit ausführlichem Texte habe ich bereits früher veröffentlicht, s. Heyer's allgem. Forst- und Jagdzeitung. Supplem. VII. 1, 1868, S. 17, Taf. 1, Fig. 1.

Südeuropa vorzugsweise in Gebirgen; Schottland bis 56—57°; Norwegen wild bis 60° 35', cultivirt bis 63° 25'; schwedische Ostküste wild bis 57°; in Stockholm noch fruchtend, cultivirt bis 59° 51'. Auf den Newa-Inseln bei Petersburg cultivirt. Die Blutbuche gedeiht noch in Dorpat, die gemeine Buche erfriert in jedem Winter. In Preussen bis Elbing wild (50° B., 37° L.) Südöstlich bis Nord-Persien.

Südgrenze: Griechenland bis 39°; im Pindos (Aetolien) waldbildend. Ebenso in Aragonien. Die Grenzlinie nach N.-O. scheint bedingt durch Regenmangel, zumal im Sommer. Jenseits der Linie Königsberg-Donaumündungen beträgt das Jahresmittel nur 55 cm Niederschlag, in Giessen 64. Dazu kommen die excessiven Kältegrade des russischen Winters. Die Südgrenze wird gleichfalls durch Trockenheit bedingt.

Höhengrenze: Harz 649 M. In Südbayern am höchsten nach Süd und Südost; am niedersten nach West. In Thalsohlen um 314 M. niederer, als auf freien Hängen. Nördliche Alpen 1364 M., Centralalpen 1266 M., Honneck (Vogesen) bis 1366 M. als 2 Fuss hohes Gebüsch. Tyrol bis 1559 M., zuletzt in Strauchform; Wallis ebenso hoch aufsteigend; Aetna (2160 M.) aufsteigend bis 1948 M. In der Schweiz steigt die Buche über die Eiche; in Skandinavien umgekehrt. Betula alba übersteigt beide, hier wie dort. Die Eiche geht weiter nach Norden und Nordosten.

10. Ligustrum vulgare, Rainweide.

Fehlt als wilde Pflanze im nördlichen Schottland über 56½°; Forfar; ebenso in Norwegen nördlich vom Christiania-Golf 59° 30'; cultivirt bis 65° 54': Alstadhaug. In Schweden wild auf den Inseln der Westküste (Bohuslän 58°); cultivirt bis Jemtland 63°, selbst bis Norrbotten 66°, wo sie indess meist erfriert. Schon in Upsala 59° 50' sehr selten reifend; cultivirt in Petersburg, in Italien und auf dem Peleponnes immergrün. Westasien bis Himalaya und Japan; in Nord-Amerika cultivirt.

Höhengrenze: Südbayern bis 872 M.; Alpen: kaum über die Grenze der Wallnuss aufsteigend: 812—1201 M.

11. Lilium candidum, weisse Lilie.

Angaben sehr unvollständig. Wohl viel weiter verbreitet, als es nach der Karte scheint. Jedenfalls ist soviel ersichtlich, dass die

Pflanze mit Erfolg durch den grössten Theil von Europa cultivirt
werden kann, also für phaenologische Beobachtung sehr geeignet ist.
Aus Medien über Armenien und Phrygien in Griechenland eingeführt,
in Südeuropa mehrfach verwildert; so in Weinbergen von Rumänien,
Corsica, Elba, Toscana u. s. w. In Deutschland seit 812 durch Carls d. Gr.
Capitulare eingeführt. Cultivirt: Norwegen bis Inderen 63° 52′ und
noch (nicht mehr blühend) bis 67° 56′. Ferner: Syrien, Palästina, Persien,
China. Scheint in Portici Samen zu tragen; in Giessen steril. Blüht
noch in Abo 60° 25′ und Petersburg 59° 56′.

Höhengrenze: Im Wallis in der Niederung und den Gebirgen
(n. Rion). Auf dem Kreuzberg (Rhön 931 M.) kommt sie nicht mehr
zur Blüthe.

12. Lonicera tatarica, tatarisches Geisblatt.

Aus Sibirien (Altai) und der Tatarei und dem östlichen Mittel-
und Südrussland; sehr allgemein — anscheinend durch ganz Europa
cultivirt und verdient für phaenologische Zwecke besondere Empfehlung.
Schweden bis 66°: Norrbotten. In Upsala 59° 50′, Petersburg, Moskau
fruchtreifend; ebenso in Palermo und Madrid; Finnland cultivirt bis
63° 4′: Wasa.

13. Narcissus poeticus, weisse Narcisse.

In England und anderwärts vielfach verwildert. Sonst durch
Mitteleuropa, — schweizer und krainer Alpen, Jura, Oberbayern,
Böhmen — und einen grossen Theil von Südeuropa; z. B. häufig auf
Wiesen bei Piave (nördlich von Venedig); ebenso am Starnberger See,
Wadtland; weithin cultivirt. Norwegen bis 63° 7′: Christiansund ver-
wildert, cultivirt bis Vardö 70° 22′ (ohne Decke zu überwintern); blüht
hier im Juli. Wahrscheinlich durch ganz Europa cultivirbar und sehr
geeignet für phaenologische Zwecke.

Höhengrenze: Südbayern bis 600 M.; Frenière im Wallis
868 M.; Helikon 38° 20′ 1200 M.

14. Prunus avium, Süsskirsche; 15. Cerasus, Sauerkirsche.

So leicht bei den extremen Formen die Unterscheidung dieser und
der Sauerkirsche ist, so giebt es doch auch zahlreiche Uebergänge
zwischen beiden; daher denn dieselben von Mehreren nicht specifisch
getrennt werden. Demgemäss sind denn auch die Arealangaben und

die phaenologischen Daten stellenweise nicht ganz sicher bezüglich der einen oder der anderen Species. Schlimmsten Falles ist der Fehler bei einer etwaigen Verwechslung nicht gross, da die einzige brauchbare und wichtige Phase, die Aufblühzeit beider Formen, fast zusammenfällt: avium (Giessen 18. April, im Mittel von 33 Jahren; Cerasus 21. April, 30 Jahre.

Auch die Heimath beider Formen giebt keine entscheidenden Aufschlüsse; und die jetzigen Areale decken sich fast vollständig, da beide von jeher vielfach durch Vögel verbreitet wurden. So sind z. B. beide wild im Pontus: kaum fleischig.

Die „Kirsche" ist wild oder stellenweise auch nur verwildert von den Gebirgen Algiers (Frucht der wilden bitter, ungeniessbar) und Granada's (avium) bis zum südlichen Norwegen 61° (avium); cultivirt wird die „Kirsche" noch fruchtreifend bis 67° 54': Lofoten. Cerasus flora pleno geht in Norwegen bis 67° 56', in Schweden bis 65° 20'. — Avium in Schweden selten reifend über 60° : °: Dal-Elf; Cerasus bis 63°: Jemtland. Als Strauch wird avium noch cultivirt in Norrbotten 66°. Auch in Lincolnshire (England) kommt eine Strauchform der „Kirsche" vor; und dieselbe Erscheinung wiederholt sich bez. der „Kirsche" in N. S. Wales, wo sie gute Früchte bringt. In Ceylon (Newera Ellia) ist die „Kirsche" immergrün, aber nicht fruchtend. In Russland geht Cerasus bis zur Linie Wasa 63° — Wjatka 58°; (avium bleibt südlicher: Finnland 61°, Walam-Inseln im Ladoga-See. Nach Batalin geht avium sogar nur bis zur Linie Warschau — Schitomir — Kiew — Südl. Tula — Kasan — Perm; in den baltischen Provinzen und Mittel-Russland, z. B. Woronesch, gedeihe sie nur in geschützter Lage, im Winter gedeckt). Cerasus verwildert in Littbauen 55° und Polen. Oestlich geht avium zum Ural und nach Sibirien, südöstlich bis Nord-Persien; avium und Cerasus bis Nordindien, die „Kirsche" bis China. Ferner avium in Madera und N.-America: Union.

Höhengrenzen: Im südlichen Norwegen reifende „Kirschen" bis 502 M. Im central-europäischen Hochgebirge ist avium kleinfrüchtig (z. B. Randa bei Zermatt, 1445 M., nur 1 cm dicke Frucht), dabei sehr süss, oder bitter und süss zugleich. Im Algäu die kleinfrüchtige „Bauernkirsche" bis 1156 M., im Matterthal bei Täsch (Wallis) avium bis 1454 M. Bei Sils (Engadin) avium bis 1948 M. noch mit einzeln reifenden Früchten. In Sils-Maria 1810 M. die Varietät Pr. cer. semperflorens nahe der

Schneegrenze noch regelmässig blühend und fruchtend. Cerasus in Oberbayern noch bis 891 M.: Bayrischzell. Die „Kirsche" ist die am höchsten steigende von allen Obstsorten. Im Wallis kommt Cerasus nur cultivirt in der Niederung vor, avium wild auch im Gebirge. Wessely berechnet für die österr. Alpen die Verspätung pro je 1000 Fuss (325 M.) bez. des Aufblühens der „Kirsche" auf 7½ Tage, bez. der Fruchtreife auf 18½ Tage. Im Jura steigt avium bis 1400 M., in den Gebirgen der Mittelrhein-Gegenden bis 748 M., Cerasus bis 487 M.; im Schwarzwald avium bis 984 M. In Südspanien avium bis 2150 M. — Cerasus steigt allgemein weniger hoch im Gebirge als avium, geht aber weiter nach Nordosten.

16. Prunus Padus, Trauben- oder Ahlkirsche.

Wild in fast ganz Europa bis Mittelasien, am Polarkreis (Hammerfest 70° 60') — hier strauchig — bis zum Ural, Altai, Baikal, Dahurien, Sibirien bis 62°, Kamtschatka; — südöstlich Caucasus, Afghanistan, Kaschmir, Himalaya, Madera. — Vielfach cultivirt.

Höhengrenzen: Im südlichen Norwegen bis zur Birkengrenze — aber nicht mehr reifend — (1100 M. bei 62°). Auch in Roros (62° 34' — 632 M.) nicht in jedem Jahre reifend. (Dagegen am Tana-Elf 70° 20' noch fructificirend.) In Schweden auf hohen Gebirgen mit röthlicher Blüthe. Nord-England 519 M., bayerische Alpen bis 1444 M., einzeln bis 1534 M.; Sattel des Hochfelln bei Ruhpolding; Auvergne 1400 M.; nördl. Schweiz 1500 M., meist unterhalb der Buchengrenze; Wallis 1357 M.: Obergestelen.

17. Prunus spinosa, Schlehe, Schwarzdorn.

Algier und Portugal bis britische Inseln (fehlt indess auf den Hebriden, Orkneys, Shetland-Inseln). Norwegen wild bis Bergen 60° 5', cultivirt bis 68°: Stegen, wo sie gut gedeiht. Schweden nicht über 61°: Dal-Elf (n. Fries — Summa bis zum südl. Lappland). Hält in Petersburg frei nicht aus. Südöstlich nach Astrachan. Oestlich in Mittelasien und russisch Asien. In N.-America eingeführt.

Höhengrenzen: Bleibt in den Karpathen weit unter der Buchengrenze. Oberbayern 955 M.; Schweiz bis zur Kirschengrenze 1360 M. (Schlagintweit); österr. Alpen 909 M.; Auvergne bis 1000 M.; Neapel nur 100 M.; Atlas 100 M.

18. Pyrus communis, Birnbaum.

In Norwegen nicht wild, cultivirt bis 63° 52': Inderöen; dagegen wild in Süd- und Mittel-Schweden; cultivirt bis 60° 2°: Dal-Elf; Finnland ebensoweit; weiter nördlich nur in günstigen Jahren fruchtend. In Russland wild bis Kaluga 54° 2°; cultivirt nach Batalin (Regel's Gartenflora 1886, 672) bis zur Linie Petersburg-Wjatka 58°; cultivirt nach dem Departement für Landwirthschaft 1885 (Karte) dagegen nur bis zur Linie Riga-Tula-Astrachan. Wild im gemässigten Europa — im Balkan grössere Waldbestände, in Morea klein, struppig, sehr dornig, mit ungeniessbaren Früchten — und Caucasus, Himalaya; ferner verbreitet in Persien, Sinai, Arabien, Aegypten, Nord-China, Japan, Madera (hier sogar zweimal tragende Sorten). In Chili trefflich gedeihend; Peru, am Cap u. s. w. Erträgt in England die härtesten Winter und hat sich auch in Hessen in dem kalten Winter 1879—80 (nach der Procentzahl der durch Frost getödteten Exemplare) entschieden härter gezeigt, als der Apfelbaum. Trotzdem geht der Apfelbaum in Russland und Centralasien weiter nach Norden und steigt (auch veredelt) in den Alpen in höhere Regionen. Allein unsere Garten-Sorten von Aepfeln stammen aus Südeuropa („Apfel" von Abella, Stadt in Campanien) und sind empfindlicher als wilde. Ebenso gedeihen in Petersburg die deutschen Sorten von Malus nicht mehr, wohl aber die russisch-nordischen. Unsere (südlichen) Aepfelsorten sind demnach trotz 1000jähriger Cultur bei uns noch nicht vollkommen acclimatisirt.

Höhengrenzen: Mittelrheinische Gebirge 747 M.; Schwarzwald 871 M.; Südbayern 1039 M.; Hirschbübel; Möllthal (östl. Centralalpen) 1299 M.; nördliche Schweiz bis zur oberen Buchengrenze: ca. 1365 M.; Wallis 1241 M.; Hérémence.

19. Pyrus Malus, Apfelbaum.

Wild im gemässigten Europa, Anatolien und Caucasus: Ghilan; N. W. Indien; Bukhara, Sibirien (Kuldscha am Ili 44°), im Altai zum Theil Gehölze bildend; Amurland (ussuriensis). England wild bis 57° 2°: Morayshire, schott. Hochland. In Norwegen kennt man Exemplare von 170 Jahren. Er geht wild bis 63°: Romsdal, wo indessen die Früchte gesammelt und im Winter gegessen werden (ebenso scheinen es die Bewohner der schweizerischen Pfahlbauten gemacht zu haben); zuletzt strauchig. Ebenso (verwildert, strauchig, den Felsen sich anschmiegend)

auf den Schären von Blekinge 56°, die Frucht aber saftig und süss.
Cultivirt bis 66°: Hof Luzö; Schweden bis Lilla Hammar 61¹·²° und
Eltby 61°; cultivirt — doch selten reifend — bis 64°; wild bis Pitea
65° 19′, also weiter. Finnland cultivirt bis 62°; blühend, aber ohne
Frucht bis Tornea 65° 45′. Russland wild: Obonez, Petersburg, Pskow.
Ladogasee: Walam-Inseln strauchig, aber gut. (In Petersburg erfrieren
die südlichen Sorten jährlich sammt Wurzel; die nordischen halten aus.)
Cultivirt bis an's weisse Meer. Central-Russland wild bis zur Linie
Wasa-Wologda-Wjatka (wie die „Kirsche"). Am Terek 44° so hoch wie
Eichen und mit grossen, guten Früchten. Cultivirt auch in Aegypten,
Syrien, Medien (wohl Stammland des Culturapfels), Kaschmir, Nord- und
Central-Indien, Thibet, China, Ceylon (fruchtend in Newera Ellia), Japan,
Java (schöne Aepfel bei 1300 M.). Madera (zum Theil immergrün und
zweimal tragend), eine Sorte das ganze Jahr mit Blüthen und Früchten
bedeckt. Caracas, Süd-Chili, Peru. Bezüglich der Vergleichung mit dem
Birnbaum s. diesen. Der Apfel ist das am leichtesten und besten nach
Norden gedeihende Obst.

Höhengrenzen: Im südlichen Norwegen reifend bis 408 M.
(Aurdal 60° 56′). In Vaage 424 M. fast jährlich reifend (51° 52′); wild
502 M. im südlichen Norwegen; wie Quercus pedunculata. Wachstein
bei Ruhla 550 M. wild mit Frucht. Vorberge der Alpen 875 M., in
Strauchform noch höher; Lautersee bei Mittenwald 1011 M., Graubündten
1300 M., Herrbrigen (Wallis) 1260 M., Mittelrheingebirge 660 M., Vogels-
berg: Rüdingshain, aber nicht mehr in dem höheren Herchenhain 659 M.,
nicht Salzburger Kopf 629 M. im Westerwald. Im Taunus: Nieder-
Reifenberg 550 M. (nicht Ober-Reifenberg 600 M.), Lahnhof (Lahnquelle
663 M.), 1 Baum, der in 10 Jahren einmal — ungeniessbare   Früchte
bringt. Odenwald: in Ballan (500 M.) in besonders guten Jahren reifend.
Schwarzwald 728 M.

20. Quercus pedunculata, Stieleiche, Sommereiche.

Ueber diese Species habe ich bereits früher eine etwas grössere
Arealkarte mit ausführlichem Texte veröffentlicht, s. Heyer's allgemeine
Forst- und Jagdzeitung, Supplem.-Bd. VII, 1, 1868.

Der Baum fehlt im Nordende von Schottland. Norwegen wild bis
62° 55′, cultivirt bis 63° 42′. Schweden wild bis 60° 40′; Dal-Elf,
cultivirt bis Medelpad 62° 20′. Finnland wild bis 60° 35′; Bestände

am Leja-See; cultivirt bis 63°: Wörn. Russland bis zur Linie Wiborg-Kungur
bei Perm 57°. Oestlich „Q. Robur L." in Daurien am Argun 50° (selten
und verkrüppelt). Nach Südosten zum Caucasus. Cultivirt am Cap.

'Höhengrenzen: Schottische Hochlande 357 M., Riesengebirge
487 M., Berner Alpen 1299 M. (Maximum), Apennin 1136 M.

Ueber die Phaenologie der nahe verwandten Quercus sessiliflora
besitze ich keine eigenen Beobachtungen. Sie soll sich etwas später ent-
wickeln, als pedunculata. Sie geht in Norwegen und Schweden nicht
so weit wie ped., nicht bis Petersburg, überhaupt wird ihr Areal von
dem der ped. überragt. Im bayrischen Hochgebirge steigt sess. weniger
hoch als ped., im Allgemeinen aber steigt sie höher. — Sess. findet sich
auch in Nordafrica.

21. Ribes aureum, gelbblühende Johannisbeere.

Aus Nordamerica 1806 eingeführt (Columbia-River-Fälle, Missouri).
Scheint durch den grössten Theil von Europa verbreitet; indess sind die
Specialangaben sehr dürftig. Norwegen bis 70°: Alten. Schweden bis
Jemtland 63° und Norrbotten 66°. Reift in Upsala, Rom, Madrid. Sehr
geeignet zur Anpflanzung für phaenologische Zwecke.

22. Ribes rubrum, gemeine Johannisbeere.

Wild durch fast ganz Europa. In Island nur in warmen Sommern
reifend in Reykjavik 67° 8'; Faröer. Norwegen wild bis Tanafjord 70° 30';
im südlichen Varangerfjord 70° gewöhnlich noch reifend. Ganz Schweden
wild und cultivirt. Irland wild, England ebenso, aber erst nach 1557
p. Ch. cultivirt. Kola (Tuloma und Lutto 68', °). Neapel, häufig in
Griechenland. Caucasus, Afghanistan, Tatarei, Sibirien, Altai, Kamtschatka. Nordamerica: Vermont. Canada bis Mündung des Mackenzie
68°. Cultivirt in Süd-Chili; hier ist das Klima dem deutschen ähnlich.

Höhengrenzen: Im südlichen Norwegen bis 800 M. (zwischen
Kiefer- und Birkengrenze). Schweden bei Umea 63° 50' über 420 M.
Grampians 200 M. In Mitteleuropa wild bis in die subalpine Region;
cultivirt im Fuschthal (Fehrleiten) bei 1153 M.; reift noch in Zermatt
1624 M. (Wallis).

23. Rubus Idaeus, Himbeere.

Wild durch fast ganz Europa. Um Aberdeen noch wohlschmeckende
Früchte (57° Schottland). Norwegen bis 70° 2': Insel Hukö; auch

gelbfrüchtig bis 67°. (Weissfrüchtig um Moskau.) Kola 68°. Gouv.
Archangelsk 66° (Frucht ungeniessbar). Ural, Russisch Asien: Altai,
Baikal, Dahurien; in Kamtschatka meist steril. Japan. — Caucasus:
Armenien, Berberei, Atlas. — In Grönland cultivirt; auch sonst in
America. (Wild in N.-America der nahe verwandte R. strigosus Mx.)
In heissen Gegenden verlieren die Früchte ihren Wohlgeschmack.

Höhengrenzen: Im südlichen Norwegen bis 942 M. frucht-
reifend; steril im Stift Bergen bis 1224 M. Lappland bis in die obere
Waldregion. Alpen 1500 M. Auf dem Weissenstein (Jura) 1284 M.:
Frucht sauer; in Visp (Wallis) 657 M. süss und gewürzig.

24. Salvia officinalis, Salbei.

Wild nur im Mediterrangebiet (bes. Oliven- und Myrtenregion),
aber schon frühe als heilkräftige (Salvare) Pflanze weithin verbreitet,
in Deutschland namentlich durch Carls d. Gr. Capitulare; dagegen noch
nicht cultivirt zur Zeit des Columella und Galen.

Cur moritur homo, cui crescit Salvia in horto?

Contra vim mortis non est medicamen in hortis.

Wird in England 5—6 Fuss hoch, der Stamm (in Surrey) so dick
wie ein Mannsbein! (In Giessen kaum ¹/₂ Zoll dick.) Gehört in Norwegen zu den gewöhnlichsten Küchenkräutern; cultivirt bis 70°:
Alten; wird meist einjährig behandelt, wie Thymian, d. h. man rauft
ihn im Herbste aus der Erde und trocknet ihn für den Wintergebrauch.
Bei Drontheim noch Samen reifend. Nordküste von Island. Gedeiht bis
in die Alpen! Grosse Büsche in Oberstdorf (Algäu, 812 M.). Blätter
grün und weniger aromatisch als im Süden. Verwildert im Tessin,
Unter-Wallis: Visp. — Ferner Syrien: Beyrut; Nordafrica, Madera. —
Angaben bez. des Culturareals sehr unvollständig, wahrscheinlich durch
ganz Europa anbaufähig.

25. Sambucus nigra, officineller Hollunder oder Flieder.

Seit alten Zeiten cultivirt und durch Vögel verbreitet, daher auch
weit jenseits der Grenzen, innerhalb deren er noch Früchte reift. (Früher
viel als Medicament benutzt.) — Angeblich wild in den westlichen Hoch-
landen von Schottland; östlich eingeführt. Auch für England das Indigenat
bezweifelt. Norwegen an der Küste anscheinend wild bis 63° 26' um
Drontheim, wo in warmen Sommern noch die Früchte reifen; bei 64°

(Aafjord) die Beeren schon seltener reifend; weiterhin angebaut bis 67° 56'; Stegen, wo er erst mit Ende August oder Anfang September blüht. Scheint in Upsala und Petersburg nicht mehr regelmässig zu reifen. (In Upsala 1886 erst nach dem 9. October Fruchtreife; in Giessen am 11. August.) In Stockholm fructificirend. Schweden wohl nur verwildert; nur südlich anscheinend wild. Cultivirt bis 62° 38'; Hernösand. Auch in Finnland meist bei Wohnungen. Russland bei Wohnungen und in Wäldern; auch in Westpreussen. Moskau: ob wild? Südeuropa: nahe und fern von Wohnungen. Südöstlich bis Caucasus, Mittelasien, Himalaya, Sibirien, bis Japan. America: Neufundland, wo der Stamm überwintert, die Aeste aber alljährlich erfrieren. - Mexicanisches Hochgebirg: Sauces.

Höhengrenzen: Hohentwiel (n. vom Bodensee) 691 M. In den östlichen Centralalpen bis 1429 M. In den österr. Alpen bei 487 M. bis 649 M. fällt die Blüthe auf den 8. Juni (Giessen erste Blüthe 28. Mai). Wessely berechnet für je 100' (325 M.) Elevation 10½ Tage Verspätung. Im Gebirge gemein in der Nähe menschlicher Wohnungen, selten in Wäldern (z. B. Berchtesgaden). Auch im Wallis sowohl in der Niederung, als im Gebirge: Stalden 834 M. mit Frucht; Vex 1039 M., Agettes (? Agittes) 1523 M.

26. Secale cereale hybernum, Winterroggen.

Stammt wohl aus dem Bezirk Dalmatien, Macedonien, Thracien, Ungarn, Siebenbürgen; vielleicht auch Anatolien und Turkestan; von Alters her angebaut von nordischen Völkern: Slaven, Celten, Germanen, Bretonen, Basken, Tataren, Osseten. Verwildert südöstlich (schon bei Wien in Wäldern). Fehlt auf den Orkneys, Shetland, den Faröern und Island. Norwegen bis 69° 4' bei Thromsö; Maalselvthal; bei 69° 30' — Svanevig — wurde die Cultur versucht; aber nicht mehr reifend. Schweden bis Haparanda 66°; im Innern bis 67° 56', weiter nördlich die Ernte unsicher (Sodankyla in der Lappmark bei 67° ,° 2 mal gereift in 15 Jahren). In Enare (69°) noch mit Erfolg versucht. Russland vom Issa-See und Archangel bis zur Krim und dem Caucasus, östlich über Perm. Sibirien, wenig in China, nicht in Japan. (Auch im Sanskrit unbekannt; nicht cultivirt im antiken Griechenland und Aegypten, sowie in den Pfahlbauten der Schweiz und Italiens; dagegen bei Olmütz in der Broncezeit.) Die Cultur von Winter- und Sommerroggen findet in vielen Ländern neben einander statt und hat in der Regel nicht klimatische, sondern technische Gründe. — Veracruz (Central-Amerika) noch als Futterkraut gebaut; blüht nicht.

Höhengrenzen: Bei Drontheim bis 627 M., Lulea-Lappmark bis 330 M., Mittelrheingegend: Salzburgerkopf im Westerwald 829 M.; Schwarzwald: St. Georgen 813 M.; Oesterr. Schlesien 585 M.; Oberbayern: im Hirschbühel 946 M. „Roggen" gebaut, aber nicht in jedem Jahre reif, braucht im oberen Engadin mitunter 2 ganze Sommer (im Frühjahr gesäet). Graubünden (Chiamut) 1624 M., Bedemia 1945 M. (Monte Rosa), Savaranche bei Aosta 2046 M., geht höher als der Weizen; in der Regel nicht so hoch als Gerste und Hafer. Wessely berechnet für die österr. Alpen bez. der Aufblühzeit für je 1000' (325 M.) Elevation 8¹, Tage Verspätung; für die Fruchtreife 12 Tage. Mont Ventoux (SO. Frankreich) 1360 M., Canigou (Pyrenäen) 1640 M., Aetna 1786 M., Siera Nevada 2469 M.

27. Sorbus aucuparia, Vogelbeere, Eberesche.

Ganz allgemein verbreitet durch Europa (als die einzige von sämmtlichen phaenologischen Normalpflanzen; überhaupt ein höchst seltener Fall), wofür die Wandervögel sorgen; südlich vorzugsweise in den Gebirgen. In Schottland besonders im feuchten Klima der Westküste hochwüchsig und gut gedeihend. Orkaden. Shetland. Faröer (nach Keilhak). Süd-Island fruchtreifend; findet sich auch in Nord-Island selbst im Gebirge, bei Kehluhverfi 12—14 Fuss hoch, bei 16 cm Stammdurchmesser. In Eyar-Fjord (Nordküste) 2 Bäume von 26 Fuss Höhe. Grönland 61°; Labrador, Nova Scotia 45°. Norwegen bis 70° (Alten) fast alljährlich reifend; 24 Fuss hoch, 26 cm Stammdurchmesser; 71°: Mageröe (Nordkap); hier strauchig; Berlevaag 70° 49' (Ostfinnmark). Oestliche Lappmark 70°. Grenze: vom Kola u. ö. über Archangel nach Pustoserk 67° und Ural 66° nach dem Altai, Sibirien, Daburien (5 Fuss hoch). Südöstlich Caucasus, caspisches Meer, Afghanistan, Libanon. Baikal-Inseln niederer Strauch. Kamtschatka höher. Japan.

Höhengrenzen: Im südlichen Norwegen bis zur Birkengrenze 640 M.; einzeln in Sogn bis 1224 M. (strauchig, steril). Schwedisch Lappland 600 M. Schottland 823 M. Oesterr. Schlesien 942 M. Riesen-Gebirge 1299 M. Auf dem Lahnhof (Lahnquelle, 602 M.) eine hochstämmige Alter. Schwarzwald 1814 M.; Sommerau. Weissenstein (Jura) 1284 M. Oetzthal (Tyrol) 1916 M., strauchig (ähnlich am Malojapass; Cassaccia 1851 M.); Schweiz 1800 M. (zwergig); Zermatt 1689 M. noch hochstämmig, fruchtend. (Schneegrenze 2600—2700 M.) Auvergne 1500 M. strauchig. Canigou (Pyrenäen) 1838 M.

28. Spartium scoparium (Sarothamnus vulgaris), Besenginster, Pfriemen.

Britische Inseln bis Orkaden 59°. Im südlichen Skandinavien verwildert bis Stockholm (59° 20′), doch hier im Winter oft leidend; in
Norwegen bis Mandal 58° und Stavanger 58° 58′ (noch 8 Fuss hoch).
In Petersburg vollständig erfrierend. Mittelrheingegend allgemein verbreitet (s. m. Arealkarte im 13. Bericht der oberhessischen Gesellschaft
für Natur- und Heilkunde 1869, Karte 35; und 25. Ber. 1887, p. 62).
Fehlt in den Alpen (n. Sendtner); doch häufig am Südfusse des Simplon
(n. Rion), ferner Lugano, Freiburg. In Galicia (Spanien) 20—30 Fuss hoch
(Lond. Arbor.). Velletri (s. v. Rom) 15 Fuss. Oestlich Ural (Ekaterinen-
burg 56°), Sibirien, Japan. Südwestlich Madera, Canaren.

Höhengrenzen: Grossbritannien 617 M. Auf den höchsten
Standorten ein 1 Fuss hoher Strauch. Süd-Bayern 487 M. Auvergne
bis 1500 M.; Pyrenäen 1200 M.; Südspanien 1600 M.; Neapel 300 M.

29. Symphoricarpos racemosa, Schnee- oder Wachsbeere.

Aus Nordamerica: Obercanada, Niagara, nördliche Staaten bis zur
Westküste: Kalifornien, Nutka-Sund 50°. Cultur (ab 1817) anscheinend
sehr verbreitet — von Coimbra bis Petersburg fruchtend und demnach
fast allen europäischen Klimaten angemessen — und für phaenologische
Zwecke wegen der Präcision der Phasen sehr empfehlenswerth; dabei eine
vortreffliche Bienenweide. Specialangaben sehr dürftig. Norwegen bis
Snaasen 64° 12′ gut gedeihend; Schweden 65° 20′: Pitea; Norrbotten 66°,
doch hier meist erfrierend; Finnland 63°: Wasa; reift in Petersburg.

Höhengrenzen: Gedeiht noch in Zermatt 1624 M. (Wallis),
Fruchtansatz am 25. August 1884 (ob reifend?).

30. Syringa vulgaris, Nägelchen, spanischer Flieder.

Wild in Siebenbürgen und ganz Rumänien: Mehadia, Cverna-Thal,
Berg Damoglet, Felsen längs der Donau, Virciorova am eisernen Thore,
Dobrudscha; ferner Persien? China? Seit 1560 aus der Türkei über
Wien eingeführt. Cultivirt von Südspanien bis zur Lappmark; sehr
hart. Britische Inseln; Norwegen sehr gewöhnlich, bis 70°: Alten, doch
hier nicht mehr blühend; blüht aber im Drontheim-Fjord 63° 52′, wo
sie noch 10 Fuss hoch wird, und weiter bis 68° 50′ (2. bis 6. Juni).
Reift noch Samen bis 64° 2′. Schweden bis 66°: Norrbotten, fructificirt
in Stockholm. Finnland 63°: Wasa und Lappland. — Reift Samen
von Valencia und Rom bis Moskau.

Höhengrenzen: In den österr. Alpen noch bis 974 M.; bei Mittenwald (am Burgberg) grosswüchsig bei 919 M.; Vex (Wallis) 1039 M.; Täsch (unter Zermatt) 1456 M.; nicht mehr in Zermatt 1624 M.; Pontresina 1803 M. (Engadin) jährlich blühend.

31. Tilia grandifolia (platyphyllos), grossblätterige oder Sommerlinde.

Süd- und Mitteleuropa wild, besonders Ungarn und Südwest-Deutschland; in Nordeuropa vielfach cultivirt und verwildert. Letzteres in Nordengland und Schottland. Norwegen nur cultivirt bis 67° 56': Stegen, wo die Form grand. asplenifolia noch sehr gut gedeiht; die typische Form bei Christiania 59° 54'. Im Amte Bergen steht eine über 100jährige „Linde". Schweden: westlich anscheinend wild auf den Schären vor Bohuslän: Strömstad, kleine Wälder bildend. Cultivirte „Linde" bis Norrbotten 66°; Russland cultivirte „Linden" um Peterhof 60°. Oestlich geht die „Linde" bis zum Ural (grand.) und Altai.

Höhengrenzen: Alpen bis 1000 M., cultivirt bis 1201 M. Im niederen Wallis Alléebaum; Pyrenäen 1000 M.; Spanien bis zur alpinen Region. — Die nahe verwandte und stellenweise durch Uebergänge verbundene Tilia parvifolia, Winterlinde (vulgaris Hayne, intermedia Dc., ulmifolia Scop.) blüht etwas später: Giessen, grandifolia erste Blüthe 21. VI. im Mittel von 24 Jahren, parvifolia 27. VI. im Mittel von 20 Jahren. Das Areal der parvifolia umfasst das der grandifolia und greift etwas über, namentlich nach Nordschottland und nach Nordosten. (Wild bis mittleres Norwegen; Tornea cultivirt und Finnland wild bis 63° 40'; ferner weniger weit nach Süden. In den Alpen weniger hoch aufsteigend: 844 M. — Sie soll übrigens härter sein als grandifolia. In Giessen haben beiderlei Formen den extremen Winter 1879—80 *) in zahlreichen Exemplaren in gleicher Weise ganz unbeschädigt überlebt.

32. Vitis vinifera, Weinrebe.

Wild im südlichen Europa (schon im nachtertiären Tuff in Italien und bei Montpellier), Algier, Marocco. In Portugal gibt es Stämme von 2 Meter Umfang! Caucasus (schenkeldick), Armenien, Aserbeidschan, bis Kabul 35°, Kaschmir, Badakchan 40° (Sanskrit: Weinstock = Draksha; Sura Traubenwein, Rasa Traube). Cultivirt schon vor Abraham. Alt-

---

*) Giessen, December 1879: Mitteltemperatur — 8.8° R. statt — 0.18° im Mittel; Minimum — 25.0°. Januar 1880 Mitteltemp. — 3.5 statt — 0.4°; Minimum — 21.0°.

agypten und Niniveh. — Britannien schon a. 280 n. Chr. Weingärten. —
Rheingegend (links) unter Probus a. 280; Mosel bereits besungen von
Ausonius (a. 310 n. Chr.): „Strom dess Hügel umher bepflanzt mit duftendem
Weine". In Gent unter Glas reifend, selten an Mauern. Norwegen nur
am Spalier 61° 17'; Sogne Fjord öfter reifend, unter Schutz ausnahmsweise bis 63° 7'; Christiansund; südlich von Christiania ohne winterlichen
Schutz. Schweden am Spalier bis Schonen und Gottland fast jedes Jahr
reifend 57—58°, selten bei Stockholm 59° 20'. Finnland nur im Ge-
wächshaus. — Petersburg: v. amurensis. Die wilde Frucht im Caucasus
ist so gross wie ein Hühnerei, dicht, Beeren erbsengross, schwarzblau,
fast fleischlos. Die varietas amurensis im östlichen Nordasien: um Aigun
50° am Amur.

Höhengrenzen: Mittelrheingebirge 487 M. In München 528 M.
kaum essbar. Dranthal 751 M.; Lienz; ebenso Oetz (an Häusern). Berner
Alpen 617 M.; 811 M. Wallis, 643 M. Thun; 1200 M. Hautes-Alpes;
Andalusia 1364 M.! Aetna 1299 M.; Madera 877 M. (viel Wolken
und Regen).

Die Grenze des Weinbaues, von Italien und Gallien her
sehr rasch nach Norden ausgedehnt, hat sich in Folge des mehr und
mehr erleichterten Verkehrs mit klimatisch mehr begünstigten Produc-
tionsländern allmählich seit 100—200 Jahren stark nach Süden zurück-
gezogen und wird wahrscheinlich in dieser Bewegung noch weitergehn,
sie ist also nicht als eine bleibende und überhaupt durchweg klimatologische anzufassen und wird schon jetzt auf den verschiedenen Karten
recht verschieden angegeben. Sie läuft derzeit von der südlichen Bretagne
nach St. Malo, dann östlich unter Brüssel—Köln—Magdeburg—Werder
bei Potsdam—Warschau-Woronesch—Saratow nach der unteren Wolga
50½°; in Asien: Khamil (Hami) Br. 43°, Länge 112° 5. v. Ferro —
Lassa 30° — Peking 40°. Hier und da wird diese Grenze bedeutend
überschritten, z. B. Weinberge bei Seorquitten am Sensburger See in
Ostpreussen (Br. 53° 56', L. v. F. 38° 55'). Ferner in verschiedenen
anderen Welttheilen; z. B. vortrefflich gedeihend in Californien —
Stämme bis 4 Fuss 4 Zoll Durchmesser — Peru, Chili, am Cap, Sumatra
(Aequator) reich fruchtend im Seesande. In Chartum (Oberägypten 15°)
immergrün. Die Höhengrenze des Weinbaues fällt in der Schweiz
im Allgemeinen auf 584 M., Centralalpen 649 M. Weinkarte von
Deutschland s. Atlas zu Neumann's geogr. Lexicon.

10*

Schlussbemerkung.

Ich benutze diese Gelegenheit, um eine vielfach angeregte Frage zu erörtern: Was versteht man eigentlich genau genommen in phaeno-logischem Sinne unter „erste Blüthen offen" und „erste Früchte reif"?

Die Antwort muss verschieden ausfallen je nach dem Zwecke, welchen man mit dergleichen Betrachtungen verbindet.

1. Handelt es sich, wie in der grossen Mehrzahl der Fälle, um Er-mittelung von Thatsachen für vergleichende Klimatologie, z. B. zur ziffermässigen Fixirung des Unterschiedes des Frühlings-Ein-trittes in Upsala oder Cassel gegen Giessen, so ist einleuchtend, dass man unter Umständen, wenn man da und dort die zufällig zuerst gefundenen offenen Blüthen einträge, zu sehr fehlerhaften Resultaten gelangen könnte.

In der Regel ist allerdings der Fehler nur gering: Wenn in einem Garten die erste Syringa aufblüht, so wird man bei genauem Nachsehen fast immer auch in diesem oder jenem andern Garten gleichfalls eine offene Blüthe finden. Jedenfalls wird sich der Fehler im Laufe der Jahre ausgleichen, da man ja doch in der Regel nicht in jedem Jahre denselben Busch wieder beobachten wird.

Allein ausnahmsweise kann der Fehler ein ganz erheblicher werden, nämlich wenn sich excessiv günstiger Standort und excessiv vorellige Individualität eines für die Beobachtung etwa bevorzugten — weil bequem zugänglichen — Exemplares combiniren, wie ich dieses z. B. bei Sambucus nigra gesehen habe.

Ich beobachtete 1887 die erste Blüthe in Giessen bei dem Exemplare 1.: Hochstamm in durchaus freier und sonniger Lage, am 4. VI.; — 2.: am 5. VI.; 3.: am 9. VI.; — das letzte Exemplar: am 22. VI.

Also ein Unterschied zwischen erstem und letztem Aufblühen von 18 Tagen. Und ähnliche Beobachtungen könnte ich auch aus früheren Jahren anführen.

Hier handelt es sich um eine wilde, nicht gepflegte und wenig variabele Pflanze und zwar auf derselben Station; bei cultivirten Obst-arten mit Früh- und Spätsorten kann der Fehler womöglich noch grösser sein. Aehnliches gilt für Vergleichung verschiedener Stationen.

Es hat für einen Ortskundigen keine Schwierigkeit, in Cassel einen

Strauch von Sambucus nigra aufzufinden, der 14 Tage früher aufblüht, als der späteste in Giessen, — und umgekehrt! Damit wird also der Ausdruck für das allgemeine klimatische Verhältniss der beiden Orte zu einander nicht getroffen.

Es handelt sich eben vielmehr darum, den durchschnittlichen ersten Aufblühtag zu finden, denjenigen Tag, an welchem im Allgemeinen das Aufblühen in Giessen, Cassel, Upsala etc. beginnt; und diese Ermittelung kann und darf nicht durch den Zufall bestimmt werden, denn selbst wenn man den grössten Fehler vermieden hat, nämlich sehr sonnige, also frühe, und sehr schattige, also späte Standorte aufzuzeichnen; wenn man also in seinen Aufzeichnungen sich auf Localitäten von mittlerem, durchschnittlichem Charakter beschränkt hat, so ist man doch keineswegs sicher, das Rechte getroffen zu haben, denn man könnte nach Vorstehendem durch einen üblen Zufall ein individuell und unabhängig vom Standort exceptionell voreiliges oder verspätetes Exemplar getroffen haben.

Um diesen Fehler zu vermeiden, ist es in allen Fällen, wo es auf möglichste Genauigkeit auch für ein einzelnes Jahr ankommt, erforderlich, sich nicht mit Einer Blüthe zu begnügen, sondern auch noch eine zweite und selbst dritte Blüthe — und zwar an verschiedenen Standorten — abzuwarten, und erst deren Datum einzutragen. Fallen sie alle 3 auf denselben Tag, was gewöhnlich ist, desto besser; mit der dritten Blüthe kann erfahrungsmässig der Reigen des allgemeinen Aufblühens als eröffnet betrachtet werden. Und dasselbe gilt für die „erste Fruchtreife". Allerdings wird hierbei tägliche Beobachtung als unumgänglich vorausgesetzt.

2. Benützt man dagegen den früheren oder späteren Eintritt des Aufblühens einer Pflanze zur Charakteristik für den Witterungsgang eines bestimmten einzelnen Jahres an einer einzelnen Station, im Vergleiche zu anderen Jahren; so wird man selbstverständlich sich Jahr für Jahr an dasselbe Exemplar (oder bei Kräutern: Beet) zu halten haben. — Dasselbe gilt für Beobachtungen über thermische Vegetations-Constanten.

VI. Thierphaenologische Beobachtungen.

Hierzu Tabelle G.

Im Allgemeinen sind dieselben bei weitem nicht der Genauigkeit
fähig, wie die Beobachtungen an Pflanzen, was in der Flüchtigkeit der
Erscheinung dieser beweglichen Wesen seinen Grund hat. Man beobachtet weit sicherer den Froschlaich, wenn er einmal schwimmt, als die
Frösche selbst, welche schon vor dem nahenden Tritte des Beobachters
fliehen. Und der Wendehals, sowie der Gartenrothschwanz und Pfingstvogel sind mitunter schon mehrere Tage zur Stelle, ehe sie, wenn das
Wetter rauh ist, durch ihren charakteristischen Ruf oder Gesang ihre
Anwesenheit verrathen.

Schon in Betracht dieser Schwierigkeit ist es sehr bedenklich, an
die frühere oder spätere Ankunft oder Abreise der Zugvögel wetter-
prognostische Betrachtungen anzuknüpfen; und eine eingehende Prüfung,
wie ich sie bezüglich der verhältnissmässig sicher zu beobachtenden Abreise des Mauerseglers (Cypselus apus) und einiger anderen Zugvögel
ausgeführt habe, ergiebt ein gänzlich negatives Resultat. (Vgl. österreich.
landwirth. Wochenblatt 1878, Nr. 29, S. 326 mit Curvenzeichnung.)

Es folgt hier eine Zusammenstellung der vieljährigen Mittel von
phaenologischen Beobachtungen, welche ich in Giessen angestellt habe.

Phaenologische Beobachtungen über Thiere.

Ameisen schwärmen 27. VII. (9 Jahre). Aurora (Pap. Pieris s. Antho-
charis Cardamines) erste fliegt 29. IV. (21). Bachstelze: Motacilla sul-
phurea (boarula) erste 27. III. (6); flava 2. IV. (5); alba 1. III. (37).

Baumwanze (Pyrrhocoris apterus) 6. III. (10). Brachkäfer (Scarabaeus solstitialis) 24. V. (3). Braunelle (Accentor modularis) 8. IV. (4). C album fliegt 1. IV. (5). Cicindela campestris 3. V. (5). Citronenfalter (Rhodocera Rhamni) 20. III. (25). Eidechse (Lacerta agilis) 1. IV. (6). Fledermaus fliegt 6. III. (26). Frosch (Rana temporaria) erster gesehen 26. III. (26); Laich schwimmt 24. III. (22). Fuchs, grosser (Papilio polychloros) 29. III. (12); kleiner (Urticae) 14. III. (20). Garten-Rothschwanz (Sylvia-Ruticilla-phoenicurus) 13. IV. (26). Grasmücke (Sylvia curruca) 18. IV. (4). Grille (Gryllus campestris) singt 12. V. (10). Haus-Rothschwanz (Sylvia-Ruticilla-tithys) 23. III. (29). Haus-Schwalbe (Hirundo urbica) 12. V. (17); letzter 11. IX. (6). Helix nemoralis 12. IV. (5). Johanniswürmchen (Lampyris noctiluca) 13. VI. (21). Kiebitz (Tringa Vanellus) 20. III. (9); letzte 2. X. (3). Kranich (Grus cinerea) 20. III. (2); Rückzug 16. X. (2). Kröte (Bufo vulgaris) 6. IV. (2). Kuckuk (Cuculus canorus) 21. IV. (37). Laubfrosch (Rana arborea) 12. IV. (3). Lerche (Alauda arvensis) singt 21. II. (41). Limax rufus 3. V. (9). Maikäfer (Melolontha vulgaris) 28. IV. (26). Mauerschwalbe (Cypselus apus) 27. IV. (29); letzte 1. VIII. (24). Nachtigall (Sylvia Luscinia) 27. IV. (18); meist nicht bleibend. Papilio Machaon 16. V. (3). Pfauenauge (Vanessa Jo) 2. IV. (13). Pfingstvogel (Oriolus Galbula) 13. V. (29). Rauchschwalbe (Hirundo rustica), erste 16. IV. (27); letzte 26. IX. (13). Regenwurm (Lumbricus terrestris) an der Oberfläche 3. IV. (5). Rothkehlchen (Sylvia rubecula) 13. III. (25); bleibt mitunter über Winter. Schneegans (Anser segetum) 26. II. (13); Rückzug 16. X. (13). Schwarzplättchen (Sylvia atricapilla) 21. IV. (11). Scolopax Gallinago, Becassine 27. III. (4). Storch (Ciconia alba) 7. III. (42); letzter gesehen 13. VIII. (14). Wachtel (Coturnix vulgaris) 17. V. (21). Weinberg-Schnecke (Helix pomatia) 8. IV. (6). Weissling (Pieris Rapae) 14. IV. (4). Wendehals (Ynnx torquilla) 14. IV. (35). Wiedehopf (Upupa epops) 26. IV. (10).

Die auf der Tabelle G. verzeichneten Detailangaben über einige Thierspecies, von denen längere Beobachtungsreihen vorliegen, geben zu folgenden zusätzlichen Bemerkungen Anlass. Sie enthält für eine Auswahl der wichtigsten und brauchbarsten Species die detaillirten Aufzeichnungen für längere Jahresreihen.

Citronenfalter (Papilio-Rhodocera, Gonopteryx-Rhamni). In der Regel zeigt sich zuerst das Männchen.

Frosch (Rana temporaria). Verräth sich zuerst durch ein leises Knurren.

Gartenrothschwanz. In Dorpat im Mittel am 30. April (Russow).

Mauerschwalbe. In Dorpat fällt die Ankunft im Mittel auf den 18. Mai, der Abzug auf den 21. August (Russow). Also beide Termine erheblich später als in Giessen.

Nachtigall. Auf der Durchreise ziemlich in jedem Jahre zu hören, bleibt aber nicht selten (anscheinend in der letzten Zeit häufiger) nicht hier. Die Ursache dieser Erscheinung, die auch für manche andere Orte z. B. Frankfurt gilt, ist unbekannt. Bemerkenswerth ist, dass 1886 zur normalen Zugzeit (Ende April) keine gehört wurde, wohl aber eine (vorübergehend) am 5. Juni.

Storch. Zuerst erscheint das Männchen auf dem Neste (am Heidenthurm); einige (im Mittel 8) Tage später das Weibchen. Meist bei Südwestwind, selten bei Nord, und zwar zwischen 8 Uhr Vormittags und 6 Uhr Abends, also in der Dämmerung; meist um Mittag; mitunter bei ziemlich stürmischem Wetter, auch wohl nach kalten Reifnächten. Nicht selten erweist sich die Ankunft als verfrüht, indem mitunter nachträglich noch viele Tage mit Schneedecke vorkommen. In der Regel aber fällt die Ankunft des Storches (im Mittel 7. März) unmittelbar nach der letzten Schneedecke (im Mittel am 4. März). In Frankfurt zeigt sich der Storch meist (nicht immer) etwas früher auf dem Neste, als in Giessen. (Siehe zoolog. Garten v. Noll, Frankfurt 1880, Nr. 12, S. 363.)

Anhang.

Verzeichniss meiner Aufsätze und Schriften betr. Phaenologie.

Vegetationszeiten im Jahre 1851: Zeitschr. landw. Ver. Gr. Hessen 1852, Nr. 47. — Forts. ibid. 1853, Nr. 10. — ibid. 1854, Nr. 13. — ibid. 1855, Nr. 30. — ibid. 1856, Nr. 30. — Witterung und Wachsthum oder Grundzüge der Pflanzenklimatologie, Leipzig 1857. 584 S. 8°. — Zeitschr. landw. Ver. (s. o.) 1857, Nr. 6. — 7. Bericht d. Oberhess. Ges. f. Nat. u. Heilk. Giessen 1859, S. 65. — (Thermische Constanten der Vegetation): Botan. Zeitg. 1859, Nr. 10. — 8. Bericht d. Oberh. Ges.

1860, S. 85. — (Zoophaenologisches) Heyer's allg. Forst- und Jagdztg.
1861, S. 124. — Bot. Zeitg. 1861, S. 177. — 10. Bericht (s. o.) 1863,
S. 74. — Unters. z. Klima- und Bodenkunde, Beil. z. Botan. Zeitung
1865, 124 S. mit 1 Karte. — 11. Bericht Oberh. Ges. (s. o.) 1865, S.
138. — 12. Bericht 1867, S. 61—69. — Heyer's allg. Forst- u. Jagdztg.
1867, S. 457. — 13. Bericht Oberh. Ges. (s. o.) 1869, S. 64. — Zeitschr.
d. österr. Ges. f. Meteorologie 1869, S. 392, 553; — ibid. 1870, S. 367. —
Unters. über künstliche Sempervirenz: Koch's Wochenschr. f. Gärtnerei,
Berlin 1871, Nr. 3. — Zeitschr. österr. Ges. f. Meteor. 1871, S. 60. —
Abhandl. Senckenb. naturf. Ges. Frankfurt VIII., 1872, S. 379. —
Heyer's allg. Forst- und Jagdzeitg. 1872, S. 415. — 14. Bericht Oberh.
Ges. (s. o.) 1873, S. 59. — Abhandl. nat. Ver. Bremen 1874. — Zeit-
schrift österr. Ges. f. Meteor. 1874, S. 305 (m. Karte von Italien). —
Wien. zoolog. botan. Gesellsch. 1875, XXV. Abh. — Zeitschr. österr.
Ges. (s. o.) 1875, S. 250. — 15. Bericht Oberh. Ges. (s. o.) 1876, S. 1.
— Ueber Accommodation: Giessen, Rectoratsrede 1876. — Blätterver-
färbung: Hempel's Centralbl. f. ges. Forstwesen 1878, S. 337. — Vögel-
zug: Oesterr. landw. Wochenblatt 1878, S. 326. — 17. Bericht Oberh.
Ges. (s. o.) 1878, S. 15. — Blattdauer: Bot. Zeitg. 1878, S. 705. —
Aufruf: Schulbote f. Hessen-Darmstadt 1879, Nr. 10. — ibid. 1879,
S. 163. — 19. Bericht Oberh. Ges. (s. o.) 1880. Mittel. — Botan. Zeitung
1880, Nr. 27. — Phaenolog. Karte von Mitteleuropa: Petermann's
geogr. Mittheil. 1881, S. 1. — Schulbote f. Hessen 1881, S. 20. —
Winterfrostschaden 1879—80, Statistik: Zeitschr. landw. Ver. Hessen
1881, Nr. 7; — Allg. Forst- und Jagdzeitg. 1881, S. 160. — Zeitschr.
österr. Ges. f. Meteorol. 1881. S. 330. — Schulbote f. Hessen 1882,
S. 20. — Peterm. geogr. Mitth. 1882, H. 2, S. 54. — Meteorol. Zeitschrift österr. Ges. 1882, S. 121. — Botan. Centralbl. 1882, S. 109. —
Zeitschr. österr. Ges. f. Meteor. 1882, S. 457. — 22. Bericht Oberh. Ges.
(s. o.) 1883, S. 117. — Laubverfärbung: Regel's Gartenflora 1883,
S. 39. — Aufblühen: ibid. 1883, S. 262. — Wittmack's Gartenzeitung
1883, S. 146. — Ihne und Hoffm., Beitr. z. Phaenol. (Geschichte
der Phaenol. und Beob.) Giessen, Ricker 1884, 178 S. 8°. — 24.
Bericht Oberh. Ges. (s. o.) 1885, S. 1. — Resultate der wichtigsten
Pflanzenphaenol. Beob. in Europa mit Frühlingskarte von Europa,
Giessen, Ricker 1885, 184 S. 8°. — Köppen's Zeitschr. d. deutschen meteor.
Ges. 1884, S. 407. — 24. Bericht Oberh. Ges. (s. o.) 1885, S. 109. —

Köppen's Zeitschr. meteor. Ges. 1885, S. 455. — Phaenolog. Studien über Secale cer.: Thiel's landwirth. Jahrb. 1885, S. 841. Isophanen-Karte 10 und 11. — Ebenso über Prunus spinosa und Padus: Engler's bot. Jahrb. 1885, S. 146 m. Karten. — Ebenso über Prun. Ceras., avium, Narciss., poët., Lilium candidum: Regel's Gartenflora 1885, S. 355, Taf. 1211. — Ebenso Sambuc. nigra: Wochenschrift f. Astronomie 1886, S. 21 ohne Karte. — Ebenso Aescul. Hipp.: Botan. Zeitg. 1886, S. 69. Ebenso Sorbus auc., Betula alba, Fagus, Quercus, Tilia grand.: Allgem. Forst- und Jagdzeitg., Supplmt. XII, S. 1, 1886, mit Karte. — Ebenso Pyrus com. und Malus: Köppen's meteorolog. Zeitschr. 1886, S. 113 mit Karte. — Therm. Const. ibid. 1886, S. 546. — 25. Bericht Oberh. Ges. (s. o.) 1887, S. 33. — Phaen. und Wetterprognose: Köppen's meteorol. Zeitschr. 1887, S. 140. — Phaenol. Beob. in Giessen und vieljährige Mittel: Berichte d. deutsch. botan. Gesellsch. Berlin 1886, S. 380, (ca. 2300 Phasen an 1200 Species von Pflanzen).

	a. Winter (Novbr. – Febr.)	b. Winter (Decbr. – Febr.)	c. Sommer (Juni – Sept.)	d. Aesculus Hippocastanum erste Frucht	e. Sambucus nigra erste Frucht im Allgemeinen	f. dto. an demselben Baum	g. Fagus sylvatica allgemeine Laubverfärbung	h. Colchicum erste Blüthe	i. Aster Amellus erste Blüthe (dasselbe Beet)
	° R.	° R.	° R.						
1851	—		—	23. IX	—	—	19. X	23. VIII	—
1852	+ 1.67	+ 1.77	+ 11.0	—	—	—	20. X	—	13. VIII
1853	+ 2.90	+ 1.87	+ 12.9	17. IX	16. VIII	—	15. X	8. VIII	13. VIII
1854	− 0.80	− 1.83	+ 12.1	—	25. VIII	—	—	24. VIII	—
1855	− 1.10	− 2.04	+ 12.9	—	21. VIII	21. VIII	—	(1. IX)	—
1856	+ 0.26	− 0.12	+ 12.7	26. IX	14. VIII	14. VIII	—	13. VIII	..
1857	− 0.25	− 0.38	+ 13.9	25. IX	10. VIII	13. VIII	6. X	9. VIII	—
1858	− 0.24	− 1.16	+ 13.9	25. IX	(18.) VIII	—	7. X	30. VIII	—
1859	− 0.25	+ 1.26	+ 14.3	30. VIII	28. VII	30. VIII	16. X	11. VIII	—
1860	− 0.18	− 0.77	+ 11.5	—	18. VIII	18. VIII	18. X	18. VIII	—
1861	− 0.84	− 0.49	+ 13.1	(25. IX)	10. VIII	10. VIII	—	21. VII	—
1862	+ 0.50	− 0.30	+ 12.4	30. VIII	28. VII	28. VII	8. X	19. VII	(15.) VIII
1863	+ 2.46	+ 1.90	+ 12.3	23. IX	3. VIII	13. VIII	—	17. VIII	..
1864	− 0.22	− 0.74	+ 12.1	—	—	—	20. X	20. VIII	—
1865	− 1.22	− 2.07	+ 13.4	8. IX	25. VII	25. VII	28. IX	29. VII	(29.) VII
1866	+ 2.65	+ 1.99	+ 13.2	17. IX	5. VIII	5. VIII	22. X	18. VIII	14. VIII
1867	− 2.42	+ 1.96	+ 12.7	16. IX	3. VIII	4. VIII	15. X	13. VIII	14. VIII
1868	+ 1.06	+ 0.43	+ 13.8	9. IX	23. VII	23. VII	18. X	25. VII	27. VII
1869	− 2.36	+ 2.53	+ 12.5	19. IX	5. VIII	5. VIII	20. X	27. VII	6. VIII
1870	− 0.46	− 1.47	+ 12.6	20. IX	14. VIII	14. VIII	3. X	17. VIII	9. VIII

	a. Winter (Novbr. — Febr.) °R.	b. Winter (Decbr. — Febr.) °R.	c. Sommer (Juni — Septr.) °R.	d. Aesculus Hippocastanum erste Frucht	e. Samburus nigra erste Frucht im Allgemeinen	f. dto. an demselben Baum	g. Fagus sylvatica allgemeine Laubverfärbung
1870	— 0.94	— 2.31	+ 13.6	20. IX	14. VIII	14. VIII	3. X
	— 0.27	— 0.70					
1871			— 12.5	0	19. VIII	—	22. X
	— 2.66	+ 1.91					
1872			+ 12.8	12. IX	11. VIII	11. VIII	7. X
	— 1.51	— 0.89					
1873			+ 13.6	1. X	5. VIII	5. VIII	15. X
	— 0.05	— 0.47					
1874			+ 13.6	0	13. VIII	16. VIII	18. X
	— 0.65	— 0.30					
1875			— 13.7	19. IX	2. VIII	—	17. X
	— 3.48	— 3.82					
1876			+ 14.1	4. IX	13. VIII	—	29. X
	— 2.72	+ 1.71					
1877			+ 13.4	26. VIII	17. VIII	—	7. X
	— 1.43	+ 0.99					
1878			+ 13.6	31. VIII	7. VIII	—	13. X
	— 2.69	— 4.11					
1879			+ 13.2	1. X	22. VIII	—	(29.) X
	— 1.20	+ 0.54					
1880			+ 13.1	14. IX	23. VIII	—	24. X
	— 1.69	+ 0.71					
1881			— 12.7	19. IX	10. VIII	--	12. X
	— 2.03	+ 1.43					
1882			+ 12.2	12. IX	10. VIII	—	16. X
	+ 2.35	+ 1.95					
1883			+ 12.9	7. IX	11. VIII	12. VIII	11. X
	— 1.28	+ 1.06					
1884			+ 13.1	19. IX	9. VIII	5. VIII	13. X
	+ 0.21	— 0.50					
1885			+ 12.5	16. IX	14. VIII	—	7. X
1886			+ 13.6	18. IX	11. VIII	10. VIII	22. X
Mittel	+ 0.75	+ 0.10	+ 13.06				
Maxim.	—	—	+ 14.3				
Minim.	—	—	+ 11.0				

Jahr.	1 Aesculus macrostachya erste Blüthe			2 Anthericum ramosum erste Blüthe			3 Aster Amellus erste Blüthe			4 Cucubalus bacifer erste Blüthe			5 Evonymus nana erste Frucht			6 Ligustrum vulgare erste Blüthe			Lili... er...
	Datum	Insolations-Summe	Verhältniss[*]	Datum	Insolations-Summe	Verhältniss[*]	Datum	Insolations-Summe	Verhältniss[*]	Datum	Insolations-Summe	Verhältniss[*]	Datum	Insolations-Summe	Verhältniss[*]	Datum	Insolations-Summe	Verhältniss[*]	Datum
a	b	c	d	b	c	d	b	c	d	b	c	d	b	c	d	b	c	d	b
1866	24. VII	3490	96	—	...	—	14. VIII	3655	93	—	—	—	—	—	—	—	—	—	20.
1867	24. VII	3325	94	—	—	—	14. VIII	3898	94	—	—	—	—	—	—	—	—	—	3. V
1868	7. VII	3148	89	—	...	—	27. VII	3865	93	—	—	—	—	—	—	—	—	—	18.
1869	20. VII	3572	101	—	—	—	6. VIII	4103	99	—	—	—	—	—	—	—	—	—	10.
1880	21. VII	3504	99	20. VI	2658	100	14. VIII	4091	99	22. VII	3533	98	—	—	—	18. VI	2589	99	29.
1881	20. VII	3470	98	20. VI	2578	97	8. VIII	4003	97	19. VII	3442	95	5. VIII	3902	98	24. VI	2898	102	30.
1882	28. VII	3908	111	6. VI	3960	100	14. VIII	4493	108	19. VII	3868	106	4. VIII	4190	105	5. VI	2631	100	26.
1883	15. VII	3826	108	10. VI	2772	104	14. VIII	4519	109	10. VII	3717	103	29. VII	4122	103	11. VI	2803	107	22.
1884	21. VII	3639	103	14. VI	2607	98	15. VIII	4365	106	20. VII	3643	100	2. VIII	3959	99	9. VI	2481	95	26.
1885	21. VII	3546	101	22. VI	2718	102	12. VIII	4193	101	20. VII	3523	98	3. VIII	3928	98	17. VI	2612	100	26.
1886	25. VII	3566	101	19. VI	2591	98	15. VIII	4101	99	—	—	—	4. VIII	3798	95	16. VI	2537	97	29.
Mittel der Insol.-Summen:	3539[*]			2655			4135			3606			3962			2622			
Schwankung derselben:	19[*]			7			16			11			10			12			

[*] Verhältniss zur mittleren Insolationssumme wie 100 zu:

pecies bez. thermische Constanten.

7		8 Linosyris vulgaris erste Blüthe			9 Linosyris vulgaris erste Frucht			10 Mirabilis Jalapa erste Blüthe			11 Plumbago europaea erste Blüthe			12 Rubus odoratus erste Blüthe			13 Sambucus nigra erste Frucht		
Insolations-Summe	Verhältniss	Datum	Insolations-Summe	Verhältniss	Datum	Insolations-Summe	Verhältniss	Datum	Insolations-Summe	Verhältniss	Datum	Insolations-Summe	Verhältniss	Datum	Insolations-Summe	Verhältniss	Datum	Insolations-Summe	Verhältniss
c	d	b	c	d	b	c	d	b	c	d	b	c	d	b	c	d	b	c	d
2790	98	—	—	—	—	—	—	19. VII	3300	91	—	—	—	—	—	—	5. VIII	3856	90
2406	98	14. VIII	3894	91	—	—	—	23. VII	3302	91	19. X	5471	100	—	—	—	4. VIII	3389	89
2631	92	6. VIII	4108	94	—	—	—	12. VII	3311	91	8. IX	5165	95	—	—	—	23. VII	3720	92
2609	92	10. VIII	4177	9?	—	—	—	15. VII	3443	94	5. X	—	—	—	—	—	5. VIII	4040	101
2872	101	14. VIII	4091	9?	—	—	—	31. VII	3766	10?	5. X	5518	101	12. VI	2450	94	23. VIII	4392	10?
2855	100	21. VIII	4260	10?	—	—	—	29. VII	3699	10?	6. X	5261	97	19. VI	2551	98	10. VIII	4044	100
3165	114	15. VIII	4528	106	3. X	5703	102	3. VIII	4190	11?	—	—	—	8. VI	2716	104	10. VIII	4354	107
3113	109	18. VIII	4619	10?	5. X	5873	106	24. VII	4021	110	29. IX	5762	10?	8. VI	2718	104	12. VIII	4449	110
2862	10?	20. VIII	4562	10?	2. X	5617	101	27. VII	3790	104	29. IX	5540	10?	14. VI	2607	100	5. VIII	4046	10?
2844	100	14. VIII	4246	100	23. IX	5227	9?	27. VII	3725	10?	13. X	5386	99	17. VI	2612	100	14. VIII	4246	10?
2823	99	16. VIII	4130	97	29. IX	5464	9?	23. VII	3500	9?	30. IX	5494	101	19. VI	2591	9?	10. VIII	3961	9?
2832			4292			5777			3641			5442			2606			4049	
	19			17			9			24			10			10			21

Tabelle C.

Thermische Constanten verschiedener Species.

*Nach Beobachtungen an demselben Breiten (bez. Kräutern) oder Stämmen (bez. Holzpflanzen). Giessen.

	Mittlere Insolations-summe	Schwankung (grösste Abweichung vom Mittel, dieser gleich insgesetzt)	die Betrag Insolations-Grades	Beob-achtungs-Jahre
	1	2	3	4
	°K.			
*Actaea spicata erste Blüthe	1625	81 bis 126	45	11
erste Frucht	3296	96 – 112	16	9
*Adenostyles albifrons e. Bl.	2778	94 – 110	16	5
e. Fr.	4072	90 – 112	22	6
Aconitum macrostachya e. Bl.	3536	89 – 104	19	11
Amygdalus nana e. Bl.	1230	85 – 133	44	9
*Anthericum Liliago e. Bl.	2194	91 – 112	21	7
e. Fr.	4105	93 – 108	15	6
*Anthericum ramosum e. Bl.	2655	97 – 104	7	7
e. Fr.	4043	95 – 108	13	7
*Aster Amellus e. Bl.	4135	93 – 109	16	11
*Atropa Belladonna e. Bl.	5630	94 – 106	12	5
e. Fr.	2153	82 – 114	32	11
Cornus alba e. Bl.	3880	88 – 104	21	9
e. Fr.	1966	84 – 126	42	7
Cornus sanguinea e. Bl.	8449	94 – 109	15	9
e. Fr.	2591	83 – 112	29	4
*Turchnia baccifer e. Bl.	4492	92 – 108	16	7
e. Fr.	3646	95 – 106	11	5
*Erocynus nana e. Bl.	4357	93 – 105	10	6
e. Fr.	2124	89 – 110	21	8
Hornium macrorhizon e. Bl.	3862	95 – 105	10	9
e. Fr.	1770	85 – 125	40	11
Ligustrum vulgare e. Bl.	3102	91 – 112	21	7
e. Fr.	2622	95 – 107	12	7
Lilium candidum e. Bl.	5467	94 – 104	10	5
e. Fr.	2852	92 – 111	19	11
*Lisosyris vulgaris e. Bl.	4242	91 – 108	17	10
e. Fr.	5577	93 – 102	9	5
*Lonicera alpigena e. Bl.	1331	97 – 132	45	11
e. Fr.	3454	94 – 121	38	11

	Mittlere Insolations-summe	Schwankung (grösste Abweichung vom Mittel, dieser gleich insgesetzt)	die Betrag Insolations-Grades	Beob-achtungs-Jahre
	1	2	3	4
	°K.			
Lonicera tatarica erste Blüthe	1618	82 bis 123	41	7
erste Frucht	2961	97 – 123	26	7
Lychnis diurna e. Bl.	1583	95 – 113	18	8
e. Fr.	2533	90 – 111	21	11
*Mirabilis Jalapa e. Bl.	3641	91 – 115	24	9
e. Fr.	4918	94 – 106	12	9
*Plumbago europaea e. Bl.	5442	95 – 105	10	5
*Prenanthes purpurea e. Bl.	3854	90 – 112	22	9
e. Fr.	4017	88 – 109	21	6
Prunus Padus e. Bl.	1296	81 – 135	54	11
Ribes aureum e. Fr.	3902	90 – 109	19	6
e. Bl.	1207	92 – 135	33	7
*Rosa arvensis e. Bl.	3140	91 – 106	15	7
e. Fr.	2651	85 – 112	27	10
Rubus odoratus e. Bl.	5294	94 – 111	17	8
e. Fr.	2636	94 – 104	10	7
Sambucus nigra e. Bl.	3926	95 – 109	14	6
e. Fr.	1859	94 – 121	37	11
Sarothamnus vulgaris e. Bl.	4049	89 – 110	21	11
e. Fr.	1592	44 – 112	38	10
*Serratula tinctoria e. Bl.	3621	91 – 108	12	6
e. Fr.	4023	93 – 107	14	6
Solidago Virgaurea e. Bl.	4127	98 – 117	27	5
*Senchus palustris e. Fr.	3634	95 – 102	7	3
e. Bl.	3728	93 – 107	14	7
Stachs latifolia e. Bl.	6382	94 – 108	14	5
Trifolium rubens e. Bl.	4655	95 – 108	13	7
*Valerula plumbaginoides e. Bl.	2945	94 – 109	15	7
e. Fr.	4895	91 – 107	26	10

	1 8 8 4.														
	Knospe schwellen	dto. in Gicssen	erste Blattoberfläche sichtbar	dto. Gicssen	erste Blüthe	dto. Gicssen	Insolationssumme für erste Blüthe (Upsala)	dto. Gicssen	dto. Verhältnis wie . . an 100 (Gicssen)	dto. Summe der Schatten-Mittel-temperat. (Upsala)	dto. Gicssen	dto. Verhältnis wie . . an 100 (Gicssen)	Knospe schwellen	erste Blattoberfläche sichtbar	erste Blüthe
	1	2	3	4	5	6	7	8	9	10	11	12	13	14	15
							° R.	° R.		° R.	° R.				
Actaea spicata	—	—	—	—	—	—	—	—	—	—	—	—	—	—	29. V
Alnus incana	5. V	12. III	15. V	—	22. III	—	375	—	—	—	—	—	3. V	14. V	24. II
Amygdalus nana . . .	—	1. II	—	—	—	—	—	—	—	—	—	—	—	—	4. VI
Anthericum Liliago . .	—	—	—	—	—	—	—	—	—	—	—	—	—	—	27. V
Anthericum ramosum . .	—	—	—	—	—	—	—	—	—	—	—	—	—	—	11. VI
Betula alba	11. V	11. II	19. V	1. V	20. V	7. IV	1142	1187	96	229	361	63	3. V	20. V	24. V
Cacalia suaveolens . .	—	—	—	—	—	—	—	—	—	—	—	—	—	—	25. VI
Crataegus monogyna . .	4. V	9. I	21. V	20. III	19. VI	6. V	1679	1673	100	468	516	91	10. V	30. V	22. V
Evonymus nana	—	—	—	—	—	—	—	—	—	—	—	—	—	—	18. V
Geranium macrorhizon .	—	—	—	—	—	—	—	—	—	—	—	—	—	—	15. V
Ligustrum vulgare . . .	—	—	—	—	—	—	—	—	—	—	—	—	—	—	17. VI
Lonicera alpigena . . .	30. III	1. II	16. V	19. III	21. V	14. IV	1360	1308	89	238	395	59	8. IV	19. V	3. VI
Lonicera tatarica . . .	6. IV	26. XII 1883	4. V	—	9. VI	1. V	1469	1570	94	378	468	81	17. IV	3. V	6. VI
Prunus avium	29. IV	3. III	15. V	5. IV	22. V	5. IV	1168	1136	103	239	338	71	27. IV	19. V	29. V
Prunus Padus	6. IV	5. II	11. V	—	30. V	12. IV	1298	1279	102	293	385	76	—	—	29. V
Ribes aureum.	30. III	30. I	23. IV	12. III	21. V	5. IV	1160	1136	102	238	348	69	6. IV	22. IV	26. V
Rosa alpina	14. IV	18. I	15. V	13. III	3. VII	14. V	1957	1880	104	637	943	106	22. IV	16. V	2. VI
Rubus odoratus	—	—	—	—	—	—	—	—	—	—	—	—	—	—	8. VI
Sambucus nigra . . .	—	—	—	—	—	—	—	—	—	—	—	—	—	—	6. VI
Sonchus palustris . . .	—	—	—	—	—	—	—	—	—	—	—	—	—	—	29. VI
Syringa vulgaris . . .	14. IV	2. II	21. V	19. III	14. VI	30. IV	1580	1550	102	430	450	94	24. IV	16. V	17. V
Trifolium rubens . . .	—	—	—	—	—	—	—	—	—	—	—	—	—	—	8. VI
Mittel	—	—	—	—	—	—	—	93	—	—	79	—	—	—	—

1 8 4 5.

für erste Blüthe (Upsala)	die. Giessen	die. Verhältniss wie . . zu 100 (Giessen)	Summe der Schatten-Mittel-temperat. (Upsala)	die. Giessen	die. Verhältniss wie . . zu 100 (Giessen)	erste Frucht reif	die. Giessen
17	18	19	20	21	22	23	24
° R.	° R.		° R.	° R.			
1070	—	—	267	492	54	28. VII	9. VII
324	—	—	...	—	—	—	—
1188	1288	92	323	361	89	—	—
1646	—	—	558	775	72	15. IX	28. VII
1909	—	—	750	1003	75	26. IX	4. VIII
981	1260	78	221	340	65	—	—
2914	—	—	—	—	—	—	—
1536	1880	82	497	593	83	—	—
1452	—	—	453	601	75	22. VIII	3. VIII
1397	—	—	426	571	75	29. VII	26. VI
2165	2593	83	839	945	89	—	—
1169	—	—	311	383	81	23. VIII	15. VII
1236	1433	87	352	454	78	10. VIII	30. VI
1070	1231	87	267	331	81	—	—
1070	1345	79	267	372	72	23. VIII	4. VII
1012	1182	86	236	308	77	16. VIII	—
1765	1751	101	621	546	114	—	—
1915	—	—	706	945	75	—	—
1864	2127	88	676	675	100	—	—
2480	—	—	—	—	...	4. IX	10. VII
1433	1482	97	443	440	101	—	—

b: erste Blüthe; f: erste Frucht reif; LV: allgem
(Die eingeklammerten Daten

Mittel für Giessen inclusive 1886 Jahre	1 BO 10 IV 22	2 b 6 V 32	3 f 17 IX 33	4 LV 10 X 29	5 b 28 V 27	6 f 31 VII 20	7 b 17 IV 18	8 BO 18 IV 8	9 LV 13 X 13	10 b 6 VI 12	11 f 19 VIII 5	12 b 11 II 34	13 b 9 V 50	14 b 16 V 19	15 b 14 V 24	16 BO 24 IV 21	17 W 3 V 38	18 LV 15 X 30	19 b 19 VI 13	20 f 9 IX 6	21 b 30 VI 30	22 b 1 V 14	23 f 26 VI 7	24 b 4 V 33	25 b 18 IV 33	26 b 21 IV 30
	Aesculus Hippocastanum				Atropa Belladonna		Betula alba			Cornus sanguinea		Corylus Avellana mas	Crataegus Oxyacantha	Cydonia vulgaris	Cytisus Laburnum	Fagus sylvatica			Ligustrum vulgare		Lilium candidum	Lonicera tatarica		Narcissus poeticus	Prunus avium	Prunus Cerasus
1845	—	—	—	—	—	—	—	—	—	—	—	—	—	—	—	(9) V	—	—	—	—	—	—	—	—	—	—
1846	(26) V	—	—	—	(6) V	—	—	—	—	—	—	(1) II	—	—	—	(22) IV	—	—	.	—	—	—	—	—	—	—
1847	(19) V	—	—	—	(6) V	—	—	—	—	—	—	—	—	—	—	(19) V	—	—	—	—	—	—	—	—	(7) V	—
1848	—	—	—	—	—	—	—	—	—	—	—	(29) XII	—	—	—	—	—	—	—	—	—	—	—	—	—	—
1849	—	—	—	—	(1) V	—	—	—	—	—	—	—	—	—	—	..	—	—	—	—	—	—	—	—	(3) V	—
1850	—	—	—	—	(29) IV	—	—	—	—	—	—	(24) II	—	—	—	9 V	—	—	—	—	—	—	—	—	(28) IV	—
1851	(14) V	23 IX	12 X	—	15 VIII	—	—	—	—	—	—	(6) II	10 V	—	—	25 IV	8 V	19 X	—	—	9 VII	—	—	—	—	(25) IV
1852	28 IV	(24) V	—	—	—	—	—	—	—	—	—	(6) II	—	—	—	7 V	30 IV	20 X	—	—	—	—	—	—	27 IV	—
1853	1 V	(24) V	17 IX	7 X	—	—	(9) IV	—	—	—	—	(12) I	—	—	—	4 V	—	15 X	—	—	—	—	—	—	7 V	8 V
1854	15 IV	12 V	—	—	—	—	(9) IV	0 X	—	—	—	4 III	—	—	—	24 IV	—	—	—	—	—	—	—	4 V	(15) IV	17 IV
1855	—	27 V	—	5 X	—	—	(4) V	—	—	—	—	22 III	—	—	—	10 V	—	—	16 VII	—	—	—	—	19 V	4 V	6 V
1856	—	12 V	26 IX	12 X	—	—	—	—	—	—	—	11 II	—	—	—	19 IV	30 IV	—	9 VII	—	—	—	—	20 IV	24 IV	—
1857	9 IV	16 V	25 IX	24 X	—	—	—	—	—	—	—	27 II	19 V	19 V	22 V	10 V	11 V	6 X	—	—	30 VI	—	—	15 V	19 IV	2 V
1858	23 IV	8 V	25 IX	20 X	(14) VI	—	—	—	—	—	—	20 III	19 V	—	21 V	20 IV	29 IV	7 X	—	—	28 VI	—	—	13 V	26 IV	26 IV
1859	5 IV	1 V	30 VIII	8 X	29 V	—	—	—	—	—	—	16 II	4 V	—	—	26 IV	—	16 X	—	—	23 VI	—	—	5 V	5 V	8 IV
1860	15 IV	11 V	—	16 X	(15) VI	—	—	—	—	—	—	29 III	16 V	—	19 V	2 V	7 V	18 X	—	—	7 VII	—	—	11 V	27 IV	1 V
1861	31 III	26 V	(25) IX	3 X	4 VI	—	9 IV	—	—	—	—	22 II	16 V	—	—	14 IV	10 IV	—	—	—	26 VI	—	—	8 V	14 IV	25 IV
1862	6 IV	3 V	30 VIII	7 X	23 V	—	5 IV	—	—	—	—	6 II	27 IV	—	4 V	29 IV	29 IV	8 X	—	—	9 VI	—	—	24 IV	7 V	8 IV
1863	10 IV	5 V	23 IX	12 X	(28) V	23 VII	—	—	—	—	—	24 I	7 V	—	13 V	29 IV	—	—	—	—	30 VI	—	—	2 V	14 IV	—
1864	—	13 V	—	—	—	—	—	—	—	—	—	20 II	15 IV	—	—	7 V	20 X	—	—	—	—	—	—	7 V	24 IV	—
1865	—	24 IV	8 IX	2 X	—	—	—	—	—	—	—	13 III	5 V	—	—	26 IV	26 IV	28 IX	—	—	22 VI	—	—	29 IV	19 IV	22 IV

eine Laubverfärbung; W: allgemeine Belaubung.
(sind nur annähernd genau.)

27	28	29	30	31	32	33	34	35	36	37	38	39	40	41	42	43	44	45	46	47	48	49	50	51	52	
b	b	b	b	BO	W	LV	b	f	b	f	b	f	b	b	f	b	Ernte-Anfg	b	f	b	b	f	b	b	b	
Padus	Prunus spinosa	Pyrus communis	Pyrus Malus	Quercus pedunculata			Ribes aureum		Ribes rubrum		Rubus idaeus		Salvia officinalis	Sambucus nigra		Secale cereale hybernum		Sorbus aucuparia		Spartium scoparium	Symphoricarpus racemosa		Syringa vulgaris	Tilia grandifolia	Vitis vinifera	Wiederholung der Jahreszahl
23 IV 28	18 IV 29	23 IV 33	28 IV 33	1 V 20	14 V 24	19 X 19	16 IV 14	4 VII 7	13 IV 28	20 VI 34	29 V 6	2 VII 9	3 VI 6	28 V 33	11 VIII 33	28 V 33	19 VII 32	16 V 21	31 VII 24	11 V 17	31 VI 6	28 VII 7	4 V 32	21 VI 24	14 VI 34	
—	—	—	—	—	—	—	—	—	—	—	—	—	—	—	—	—	—	—	—	—	—	—	—	—	—	1845
(6) V	—	—	—	—	—	—	—	—	—	—	—	—	—	—	—	16 VII	—	—	—	—	—	—	—	—	—	1846
(13) V	(10) V	—	—	—	—	—	(7) V	—	—	—	—	—	—	—	12 VIII	—	—	—	—	—	—	—	—	—	—	1847
—	—	—	—	—	—	—	—	—	—	—	—	—	—	—	—	—	—	—	—	—	—	—	—	—	—	1848
(4) V	(3) V	(4) V	(14) V	—	—	—	(28) IV	—	—	—	—	—	—	—	—	—	—	—	—	—	—	—	—	—	—	1849
30 IV	—	(11) V	—	—	—	—	—	—	—	—	—	—	—	—	25 VII	—	—	—	—	—	—	—	—	—	—	1850
29 IV	(2) IV	(30) IV	(17) V	4 V	—	—	(27) IV	—	—	—	—	—	—	—	22 VII	—	—	—	—	—	—	—	—	—	—	1851
13 V	30 IV	(11) V	(24) V	—	—	—	(29) IV	—	—	—	—	—	—	—	—	—	—	—	—	—	—	—	—	—	18 VI	1852
29 V	(6) V	10 V	(25) V	18 V	6 X	—	(9) V	5 VII	—	8 VII	—	—	16 VIII	4 VIII	—	—	—	—	—	—	—	—	—	6 VII	1853
18 IV	(2) V	21 IV	21 IV	—	—	—	(10) IV	27 VI	—	4 VII	(15) VI	25 VIII	23 V	—	—	—	—	—	—	6 V	—	—	15 VI	1854
15 V	11 V	(30) IV	19 V	—	—	—	1 IV	1 VII	—	—	(17) VI	21 VIII	5 V	3 VIII	—	—	—	—	—	25 VI	—	—	1855
24 IV	(18) IV	24 IV	26 IV	—	27 X	—	19 IV	24 VI	—	—	4 VI	11 VII	2 V	26 VI	—	—	—	—	—	8 V	23 VI	17 V	1856
4 V	(29) IV	30 IV	3 V	13 V	18 V	(28) X	17 IV	16 VI	—	—	25 V	10 VIII	29 V	—	(22) V	8 VIII	—	—	10 V	20 VI	8 VI	1857
2 V	28 IV	27 IV	27 IV	13 V	—	—	28 IV	30 VI	—	—	8 VI	(18) VI	(30) VII	3 VIII	—	—	—	13 V	—	9 VI	1858
12 IV	(11) IV	3 V	24 IV	6 V	—	—	5 IV	1 VI	—	—	30 V	28 VII	28 V	7 V	29 VII	—	—	24 IV	16 VI	1859
6 V	(28) IV	9 IV	10 V	—	16 V	—	24 IV	26 VI	—	—	25 VI	27 VII	27 VII	24 V	—	13 V	—	13 V	1860
17 IV	—	29 IV	29 IV	11 V	34 V	—	2 IV	26 VI	—	—	1 V	19 VI	30 V	12 VII	19 V	—	—	16 V	(5) VI	13 VI	1861
12 IV	7 IV	11 V	14 V	—	—	—	6 IV	1 VI	—	—	11 V	28 VII	14 V	17 VII	3 V	1 VII	—	20 IV	13 VI	24 V	1862
23 IV	17 IV	15 V	18 V	(4) V	—	—	(16) IV	21 VI	—	—	10 V	3 VII	26 V	24 VII	(18) V	—	—	27 IV	—	21 VI	1863
—	—	25 IV	27 V	—	22 VI	—	—	—	(37) VI	—	—	22 V	26 V	25 VII	—	18 V	—	9 V	14 VI	19 VI	1864
28 IV	22 IV	23 IV	24 IV	22 IV	26 IV	15 X	—	—	21 IV	(14) VI	—	—	23 V	25 VII	24 V	8 VII	(4) VII	—	—	23 IV	—	4 VI	1865

	1	2	3	4	5	6	7	8	9	10	11	12	13	14	15	16	17	18	19	20	21	22	23	24	25	26
Mittel für Giessen inclusive 1886	BO	b	f	LV	b	f	b	BO	LV	b	f	b	b	b	b	BO	W	LV	b	f	b	b	f	b	b	b
	Aesculus Hippocastanum				Atropa Bella-donna		Betula alba			Cornus sangu-inea		Corylus Avellana mas.	Crataegus Oxyacantha	Cydonia vulgaris	Cytisus Laburnum	Fagus sylvatica			Ligust-rum vulgare		Lilium candidum	Lonicera tatarica		Narcissus poeticus	Prunus avium	Prunus Cerasus
	10 IV	6 V	17 IX	10 X	28 V	31 VII	17 IV	18 IV	13 X	6 VI	19 VIII	11 II	9 V	16 V	14 V	24 IV	3 V	15 X	19 VI	9 IX	30 VI	30 V	1 VI	26 V	18 IV	21 IV
Jahre	22	32	33	29	27	20	18	8	13	12	5	38	30	19	24	21	38	30	13	6	30	14	7	33	33	30
1866	–	29 IX	17 IX	8 X	(6) VI	(26) VII	–	–	(26) X	–	–	30 I	1 V	–	12 V	–	26 IV	22 X	–	–	29 VI	–	–	28 IV	18 IV	20 IV
1867	18 IV	7 V	16 IX	1 X	31 V	–	22 IV	14 X	–	–	–	4 II	9 V	11 V	10 IV	22 IV	6 V	15 X	–	–	2 VII	–	–	6 IV	19 IV	20 IV
1868	8 IV	4 V	9 IX	6 X	21 V	–	(18) IV	(14) IV	15 IX	25 V	–	6 II	5 V	10 V	9 V	–	4 V	18 X	–	–	18 VI	–	–	4 V	17 IV	21 IV
1869	12 IV	25 IV	19 IX	9 X	27 V	7 VIII	(19) IV	19 IV	(20) IX	26 V	–	(4) I	25 IV	29 IV	28 IV	16 IV	–	20 X	–	–	30 VI	–	–	26 IV	9 IV	13 IV
1870	19 IV	11 IX	20 IX	3 X	5 VI	–	26 IV	–	14 X	–	–	9 III	16 V	18 V	18 V	23 IV	7 V	3 X	18 VI	–	1 VII	–	–	11 V	23 IV	29 IV
1871	4 IV	5 V	–	16 X	19 VI	2 VIII	18 IV	–	9 X	–	–	28 II	12 V	23 V	21 V	21 IV	3 V	23 X	7 VII	–	18 VII	5 V	–	4 IV	13 IV	22 IV
1872	8 IV	30 V	12 VII	2 X	20 V	28 V	18 IV	11 IV	5 VI	9 VI	–	2 III	4 V	15 V	9 V	17 IV	29 V	7 VI	27 VI	–	1 V	–	–	1 V	12 IV	20 IV
1873	31 III	21 IV	1 X	6 X	12 VI	12 VIII	14 IV	–	21 VI	–	–	6 I	8 V	20 V	22 V	4 IV	24 IV	15 X	24 VI	–	4 VII	23 IV	–	4 V	9 IV	14 IV
1874	14 IV	27 V	–	11 X	4 VI	31 VII	–	–	–	21 VI	–	21 I	7 V	24 V	–	15 V	25 V	18 X	–	–	2 VII	27 IV	–	28 IV	16 IV	20 IV
1875	–	10 V	19 IX	–	24 V	7 VIII	25 IV	–	–	12 VI	–	29 I	15 V	18 V	15 V	24 IV	–	17 X	12 VI	–	29 V	13 V	–	9 IV	25 IV	27 IV
1876	–	8 V	IX	–	10 VI	11 VIII	–	–	–	–	–	3 III	12 V	–	21 V	16 V	9 V	29 X	–	–	3 VII	–	–	28 IV	11 IV	–
1877	–	16 V	26 VIII	–	6 VI	8 VI	–	–	–	–	–	8 I	18 V	19 V	22 V	–	9 V	7 X	–	–	–	–	–	11 W	13 IV	–
1878	–	30 IV	31 VIII	–	18 V	19 V	19 IV	–	–	–	–	25 II	9 V	12 V	6 V	–	26 IV	13 X	–	–	28 VI	3 V	–	29 IV	19 IV	20 IV
1879	–	18 V	1 X	–	9 VI	18 VI	27 IV	–	–	–	–	19 III	23 V	25 V	24 V	–	19 VII	(29)	–	–	11 VII	22 V	–	12 IV	27 IV	29 IV
1880	–	25 IV	14 IX	14 X	29 V	4 VI	13 IV	–	–	2 VI	–	24 XII	7 V	–	–	–	27 IV	24 X	18 VI	–	29 VI	23 VI	30 VI	24 IV	18 IV	18 IV
1881	12 IV	16 V	19 IX	7 X	4 VI	1 VIII	17 IV	–	12 X	6 VI	–	–	16 V	25 V	–	–	12 X	–	24 VI	–	30 VI	8 V	3 VII	2 V	18 IV	22 IV
1882	21 III	6 V	12 IX	6 X	25 V	22 VII	3 IV	–	13 X	4 X	24 VI VIII	22 I	1 V	6 V	7 IV	11 IV	16 V	5 X	26 VI	–	19 VI	18 IV	22 IV	22 IV	3 IV	9 IV
1883	19 IV	10 V	7 IX	8 X	26 V	22 VII	20 IV	30 IV	16 X	4 VI	30 VI VIII	4 I	16 V	18 V	18 V	27 IV	5 V	11 X	11 VI	9 VI	26 VI	6 V	25 VI	5 IV	27 IV	29 IV
1884	1 IV	6 V	19 IX	9 X	19 V	24 VII	7 IV	7 IV	10 X	11 VI	17 VII	16 I	6 V	13 V	13 V	8 IV	30 V	13 X	9 VI	12 IX	1 VI	12 IV	20 IV	4 IV	2 IV	6 IV
1885	17 IV	29 IV	16 IX	4 X	30 V VII	20 IV	20 IV	8 V	9 X	15 VI	–	17 II	8 V	19 V	16 V	29 IV	26 V	7 X	16 VI	2 IX	26 VI	27 IV	30 VI	28 IV	19 IV	21 IV
1886	9 IV	29 IV	18 IX	29 X	3 VI	5 VIII	12 IV	19 IV	21 X	3 VI	17 VIII	25 III	10 V	18 V	15 V	30 IV	29 V	22 X	16 VI	14 IX	29 VI	2 V	26 VI	2 V	20 IV	24 IV

meine Laubverfärbung; W: allgemeine Belaubung.
a sind nur annähernd genau.)

27 b	28 b	29 b	30 b	31 BO	32 W	33 LV	34 b	35 f	36 b	37 f	38 b	39 f	40 b	41 b	42 f	43 b	44 Erste Anfg.	45 b	46 f	47 b	48 b	49 f	50 b	51 b	52 b	Wiederholung der Jahreszahl
Prunus Padus	Prunus spinosa	Pyrus communis	Pyrus Malus	Quercus pedunculata			Ribes aureum		Ribes rubrum		Rubus idaeus		Salvia officinalis	Sambucus nigra		Secale cereale hybernum		Sorbus aucuparia		Spartium scoparium	Symphoricarpos racemosa		Syringa vulgaris	Tilia grandifolia	Tilia ulmifolia	
29 IV	18 IV	23 IV	24 IV	1 V	14 V	19 X	16 IV	4 VII	13 IV	20 VI	29 V	2 VII	3 VI	24 V	11 VIII	28 V	19 VII	16 V	31 VII	11 V	31 V	28 VII	4 V	21 VI	14 VI	
25 IV	15 IV	20 IV	20 IV	(20) IV	—	27 X	—	—	(14) IV	(17) VI	—	—	—	17 V	5 VIII	1 VI	—	(6) VIII	(5) V	—	—	24 IV	21 VI	10 VI	1866
28 IV	21 IV	23 IV	1 V	—	9 V	14 X	—	—	(14) IV	(16) VI	—	—	—	21 V	3 VIII	25 V	—	13 V	(9) V	—	—	7 V	19 VI	22 V	1867
23 IV	21 IV	23 IV	27 IV	3 V	10 V	18 X	—	—	9 IV	12 VI	—	—	—	17 V	23 VII	20 V	4 VII	12 V	6 V	—	—	3 V	1 VI	28 V	1868
16 IV	10 IV	14 IV	18 IV	23 IV	24 IV	25 X	—	—	13 IV	(13) VI	—	—	—	9 V	5 VII	24 V	12 VII	8 V	—	—	—	23 IV	14 VI	5 VI	1869
5 V	28 IV	2 V	2 V	9 V	12 V	9 X	—	—	22 IV	25 VI	—	—	—	30 V	14 VIII	26 V	16 VII	21 V	7 V	20 V	—	8 V	—	10 VI	1870
19 IV	14 IV	25 IV	29 IV	8 V	17 V	24 X	—	—	11 IV	29 VI	—	—	—	9 VI	19 VIII	9 VI	29 VII	23 V	11 VIII	—	—	6 V	—	29 VI	1871
17 IV	20 IV	17 IV	27 IV	28 IV	—	17 X	20 IV	—	10 IV	22 VI	—	—	—	28 V	11 VII	26 V	20 VII	—	—	19 V	—	24 IV	—	17 VI	1872
16 IV	9 IV	12 IV	17 IV	19 IV	24 IV	25 X	14 IV	—	7 IV	8 VII	—	—	—	26 V	5 VII	1 VI	21 VII	24 V	3 VIII	—	—	9 V	—	22 VI	1873
24 IV	19 IV	22 IV	22 IV	24 IV	26 V	18 X	—	—	—	28 VI	—	—	—	2 VI	13 VIII	30 V	11 VII	9 VIII	—	—	27 IV	—	10 VI	1874
2 V	28 IV	2 V	5 V	—	12 V	—	27 IV	—	22 IV	15 VI	—	—	—	25 V	2 VIII	29 V	20 VII	—	22 V	—	—	9 V	16 VI	7 VI	1875
— IV	17 IV	22 IV	27 IV	—	18 V	—	—	—	6 IV	20 VI	—	—	—	30 V	14 VIII	6 V	—	27 V	14 V	—	—	5 V	—	18 VI	1876
6 V	9 IV	27 IV	11 IV	—	18 V	—	—	—	11 IV	25 VI	—	—	—	5 VI	17 VIII	5 V	21 VII	1 V	—	—	—	1 V	30 VI	18 VI	1877
23 IV	19 IV	20 IV	27 IV	—	3 V	—	21 IV	—	20 IV	18 VI	—	—	—	16 V	7 VIII	20 V	19 VII	14 V	—	—	—	3 V	(29) VI	10 VI	1878
2 V	1 V	4 V	10 V	—	20 X	25 X	27 IV	—	19 IV	29 VI	—	—	—	5 V	22 VIII	7 V	29 VII	14 VIII	20 V	—	—	15 V	—	23 VI	1879
16 IV	18 IV	20 IV	25 IV	—	9 V	—	15 IV	11 V	4 IV	8 VI	—	1 VII	4 V	25 VIII	26 V	9 VII	11 V	22 V	—	19 VIII	21 IV	19 VI	22 VI	1880
29 IV	19 IV	29 IV	7 V	—	19 V	—	17 IV	9 VII	11 IV	18 VI	5 VI	5 VII	7 VI	3 V	10 VII	27 V	6 VII	23 V	31 VII	20 VI	5 VIII	6 V	12 VI	28 VI	19 VI	1881
10 III	31 IV	9 IV	21 IV	—	11 V	21 X	3 IV	2 VII	31 III	17 VI	(29) V	3 VII	30 VI	21 V	10 VIII	20 V	18 V	4 V	27 VII	24 V	30 VI	21 VI	3 V	24 VI	5 VI	1882
30 IV	24 IV	29 IV	6 V	6 V	(15) V	10 X	22 IV	29 VII	21 IV	17 VI	31 V	1 VII	1 VI	28 V	11 VIII	24 V	9 VII	16 V	27 VII	6 V	31 VI	22 VII	7 V	16 VI	4 VI	1883
7 IV	2 IV	7 IV	17 IV	3 V	14 V	16 X	2 IV	4 VII	2 VI	26 VI	21 V	27 VI	24 VI	19 V	24 V	12 VII	13 V	16 VI	26 V	25 VII	30 IV	24 V	14 VI	1884
23 IV	20 IV	21 IV	24 IV	28 IV	11 V	11 X	17 IV	27 VII	17 V	17 VI	2 V	3 VI	6 VI	31 V	14 VIII	31 V	18 VII	14 V	31 X	3 V	5 VI	22 VII	29 V	20 VI	14 VI	1885
25 IV	21 IV	26 IV	29 IV	26 IV	13 V	30 X	20 V	5 VII	20 IV	10 VI	23 V	28 VI	7 VI	29 V	11 VIII	23 V	17 VII	13 V	3 VIII	9 VI	1 VI	29 VII	2 V	16 VI	8 VI	1886

Tabelle 6.

Thierphaenologische Beobachtungen in Giessen.

	Aurora fliegt (Papilio cardamines)	Citronenfalter (Rhodocera Rhamni)	Frosch, erster (Rana temporaria)	Garten-Rothschwanz, erster (Ruticilla phoenicurus)	Haus-Rothschwanz, erster (Ruticilla tithys)	Kuckuk ruft, erster (Cuculus canorus)	Lerche singt, erste (Alauda arvensis)	Maikäfer, erster (Melolontha vulgaris)	Mauerschwalbe, erste (Cypselus apus)	dto. letzte	Nachtigall, erste (Sylvia luscinia)	Flügelvogel, erder, ruft (Vielus fialbus)	Rauchschwalbe, erste (Hirundo rustica)	dto. letzte	Storch, erster (Ciconia alba)	Wendehals, erster (Ynux torquilla)
1841	—	—	—	—	—	—	1. II	—	—	—	—	—	—	—	19. III	
1843	—	—	—	—	—	—	1.‹35› 16. II	—	—	—	—	—	—	—	27. II	
1845	—	—	—	—	—	—	‹186› 26. II	—	—	—	—	—	—	—		
1846	—	—	27. II	—	—	23. IV	29. I	—	—	—	11. IV	—	—	—	11. III	
1847	—	—	15. IV	—	—	30. IV	21. II	—	—	—	2. V	—	—	—	18. III	
1848	—	—	—	—	—	—	‹183› 26. II	—	—	—	—	—	—	—	20. III	
1849	—	—	—	—	—	26. IV	18. II	29. IV	—	—	—	—	—	—	3. III	19. IV
1850	—	—	—	—	—	—	6. II	7. V	—	—	—	—	—	—	15. III	—
1851	—	—	23. III	—	22. III	—	10. III	—	—	—	4. V	—	—	—	22. III	
1852	—	—	—	—	—	25. IV	9. III	—	25. IV	—	2. V	—	—	—	19. III	IV
1853	—	—	10. III	—	—	1. V	12. II	—	26. IV	—	27. V	—	—	—	10. III	14. IV
1854	—	14. III	8. III	—	16. III	16. IV	28. II	7. V	—	—	14. V	—	—	—	9. III	— IV
1855	—	—	22. III	—	—	5. V	—	—	—	—	6. V	—	—	—	1. III	
1856	—	—	—	—	—	23. IV	3. II	—	—	—	28. IV	8. V	—	—	14. III	13. IV
1857	—	18. III	23. III	—	29. III	21. IV	15. II	11. V	—	—	—	10. V	—	—	2. III	— IV
1858	25. IV	23. III	19. III	23. III	—	19. IV	24. I	5. V	30. IV	—	—	12. V	16. IV	—	27. II	13. IV
1859	—	7. III	5. III	—	16. III	—	23. II	4. II	—	—	—	11. V	—	—	26. II	11. IV
1860	—	—	5. IV	3. IV	—	29. IV	2. III	2. V	24. IV	31. VII	6. V	9. V	—	—	4. III	15. IV
1861	—	25. III	26. III	—	30. III	9. V	17. II	11. V	6. V	1. VIII	3. V	17. V	21. IV	—	30. II	12. IV
1862	—	7. III	13. III	6. IV	11. III	25. IV	18. II	18. V	29. IV	29. VII	23. IV	10. V	14. IV	—	1. III	7. IV
1863	—	—	—	24. IV	16. IV	19. IV	3. II	27. IV	7. V	1. VIII	25. IV	10. V	14. IV	—	5. III	15. IV
1864	5. V	—	24. III	24. III	23. III	23. IV	24. II	21. IV	—	4. VIII	—	8. V	12. IV	—	4. III	20. IV
1865	22. IV	14. IV	14. IV	21. IV	14. IV	14. IV	28. II	21. IV	28. IV	28. VIII	19. IV	7. V	15. IV	—	6. III	14. IV
1866	—	5. IV	—	30. III	17. III	6. II	25. IV	25. IV	6. VIII	—	29. IV	15. IV	30. IX	7. III	— IV	
1867	6. V	28. III	17. II	21. IV	24. III	14. IV	10. II	4. V	26. IV	—	12. V	18. IV	14. X	26. II	18. IV	
1868	16. V	29. II	20. III	22. III	4. IV	19. IV	23. II	1. V	28. IV	4. VIII	—	6. V	20. IV	13. IX	16. II	21. IV
1869	23. IV	1. III	21. III	8. IV	30. III	5. II	11. IV	23. IV	29. VII	—	25. IV	10. V	—	4. III	11. IV	
1870	8. V	3. IV	—	24. III	3. IV	17. IV	1. III	9. V	30. IV	6. VIII	—	10. V	15. IV	—	6. III	14. IV
1871	13. V	—	—	10. IV	15. III	19. IV	26. IV	20. IV	—	23. IV	23. IV	8. IV	26. IV	4. III	13. IV	
1872	13. IV	29. III	—	7. IV	2. IV	23. IV	14. II	15. IV	28. IV	—	11. V	21. IV	29. IV	2. III	17. IV	
1873	6. V	24. III	—	8. IV	24. III	20. IV	17. II	22. IV	8. V	31. VII	—	16. V	15. IV	—	10. III	6. IV
1874	30. IV	22. I	—	—	26. IV	22. II	24. IV	24. IV	1. VIII	26. IV	27. V	21. IV	30. IX	8. II	12. IV	
1875	6. V	—	—	23. IV	17. IV	25. IV	—	1. V	30. VII	24. IV	—	18. IV	—	—	16. IV	
1876	5. V	—	30. III	4. V	28. III	4. IV	—	28. IV	29. VII	2. V	—	12. IV	—	28. II	10. IV	
1877	—	10. I	11. IV	17. IV	26. III	27. IV	21. II	—	30. IV	19. VII	—	15. IV	25. IX	15. III	11. IV	
1878	28. IV	11. IV	19. IV	19. IV	31. III	15. IV	21. II	27. IV	28. IV	30. VII	—	12. V	19. IV	—	7. III	19. IV
1879	—	24. IV	28. IV	26. IV	13. III	23. IV	17. III	9. II	21. IV	—	21. V	16. IV	—	19. III	23. IV	
1880	21. IV	7. III	—	30. IV	19. III	24. IV	1. III	0	3. V	4. VIII	—	14. IV	22. IX	14. III	16. IV	
1881	30. IV	11. IV	—	10. IV	18. III	14. IV	20. II	11. V	1. V	2. VIII	17. IV	9. V	24. IV	25. IX	8. III	10. IV
1882	21. IV	10. III	13. III	15. IV	15. III	19. IV	22. II	3. V	29. IV	8. VIII	2. V	6. V	10. IV	—	26. III	18. IV
1883	5. V	18. IV	3. IV	25. IV	31. III	18. IV	26. II	7. V	26. IV	1. VIII	7. V	—	25. IV	4. X	22. II	20. IV
1884	12. IV	15. III	15. III	16. IV	31. III	27. IV	18. II	9. V	30. IV	28. VII	5. V	22. V	4. IV	16. IV	10. III	23. IV
1885	21. IV	1. IV	11. IV	3. IV	10. III	19. IV	25. II	0	24. IV	1. VIII	—	28. V	24. IV	1. X	25. II	22. IV
1886	22. IV	8. IV	2. IV	9. IV	24. III	21. IV	23. III	0	27. IV	4. VIII	—	6. V	20. IV	17. IV	26. II	19. IV
Jahre	21	25	26	26	29	37	41	26	29	24	18	29	27	13	42	35
Mittel	29. IV	20. III	26. III	13. IV	23. III	21. IV	21. II	28. IV	27. IV	1. VIII	27. IV	18. V	16. IV	26. IX	7. III	14. IV

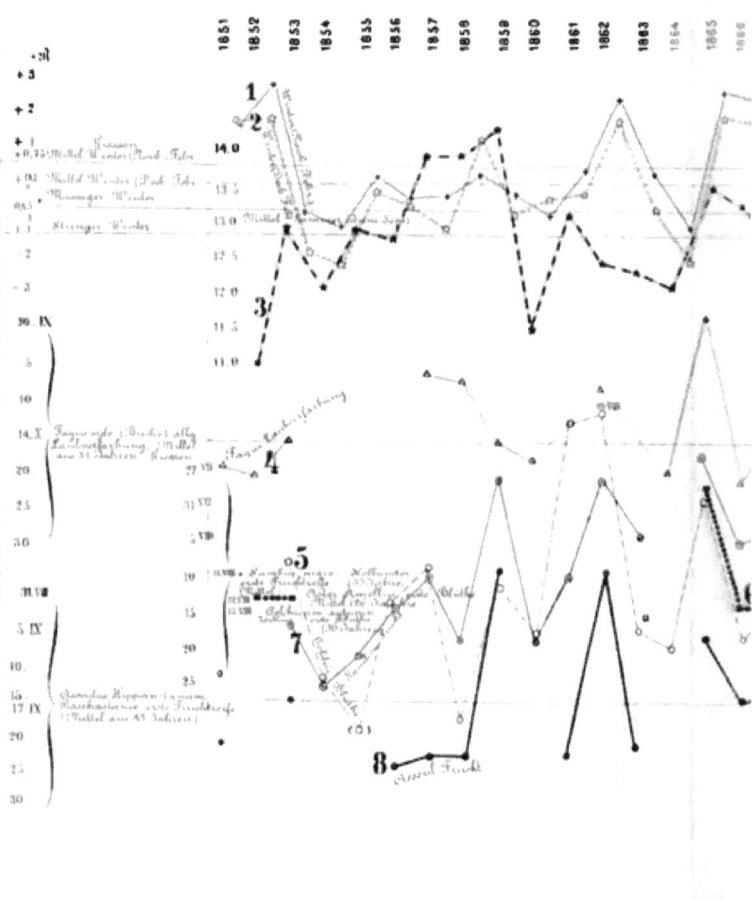

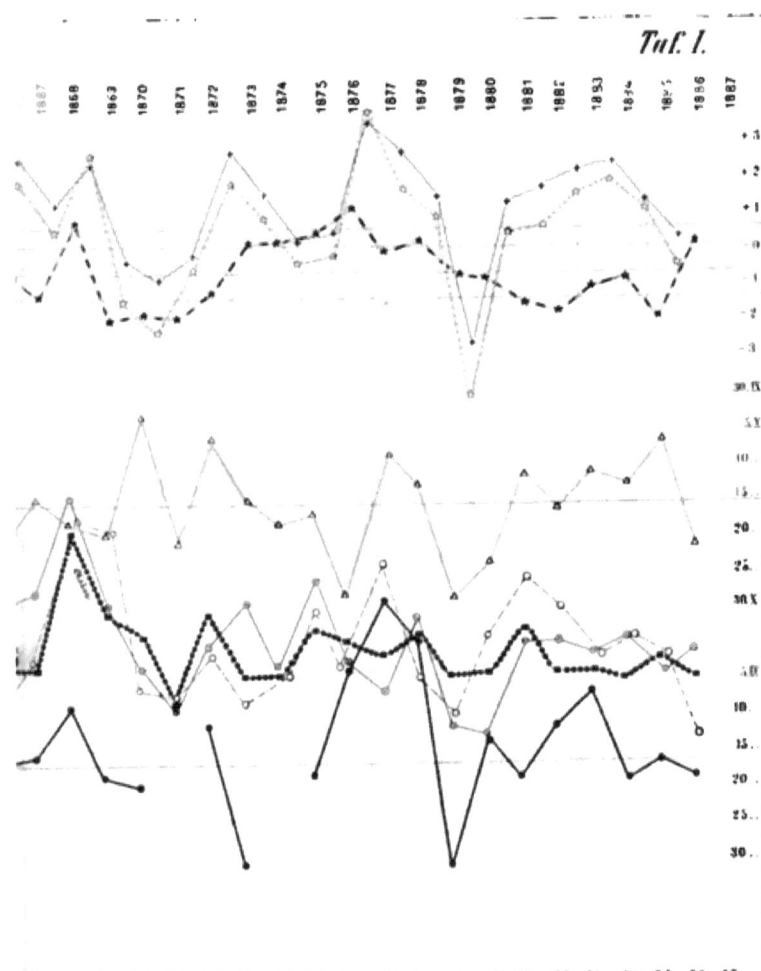

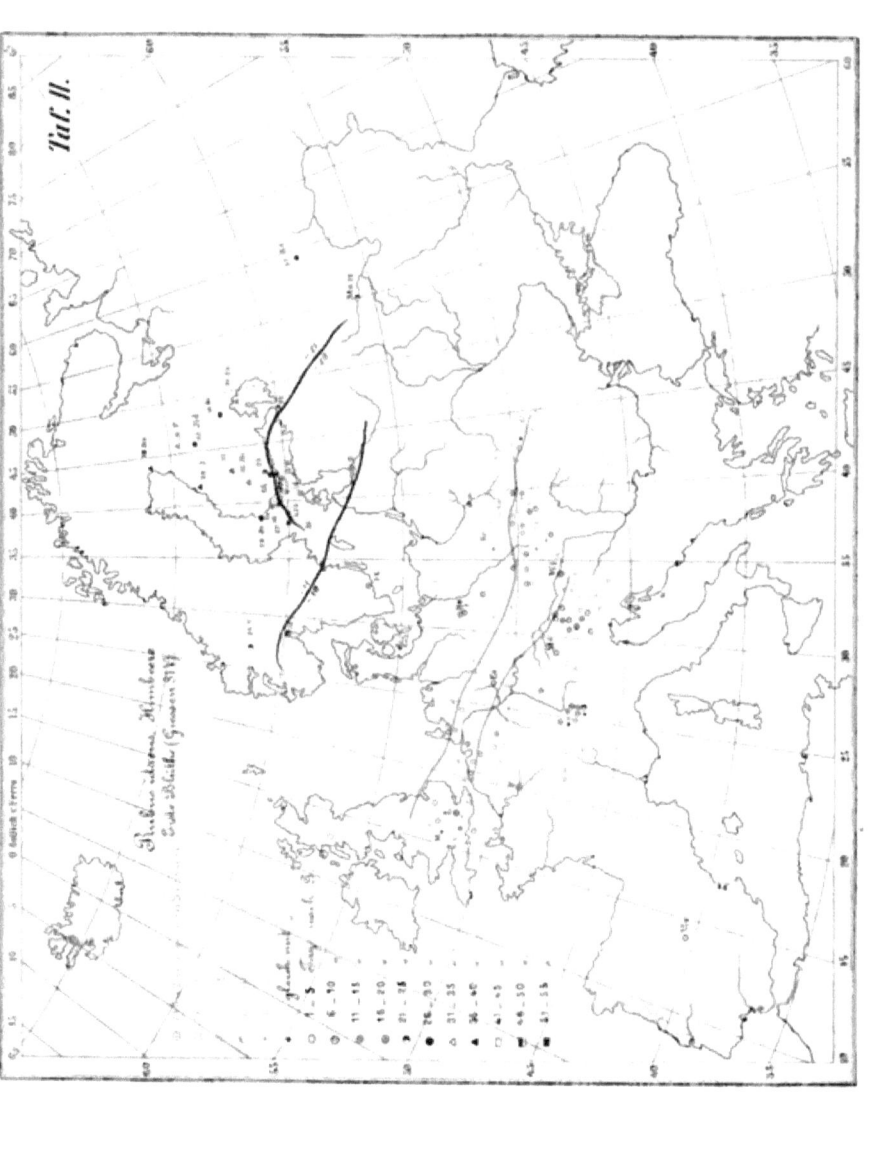

Taf. II.

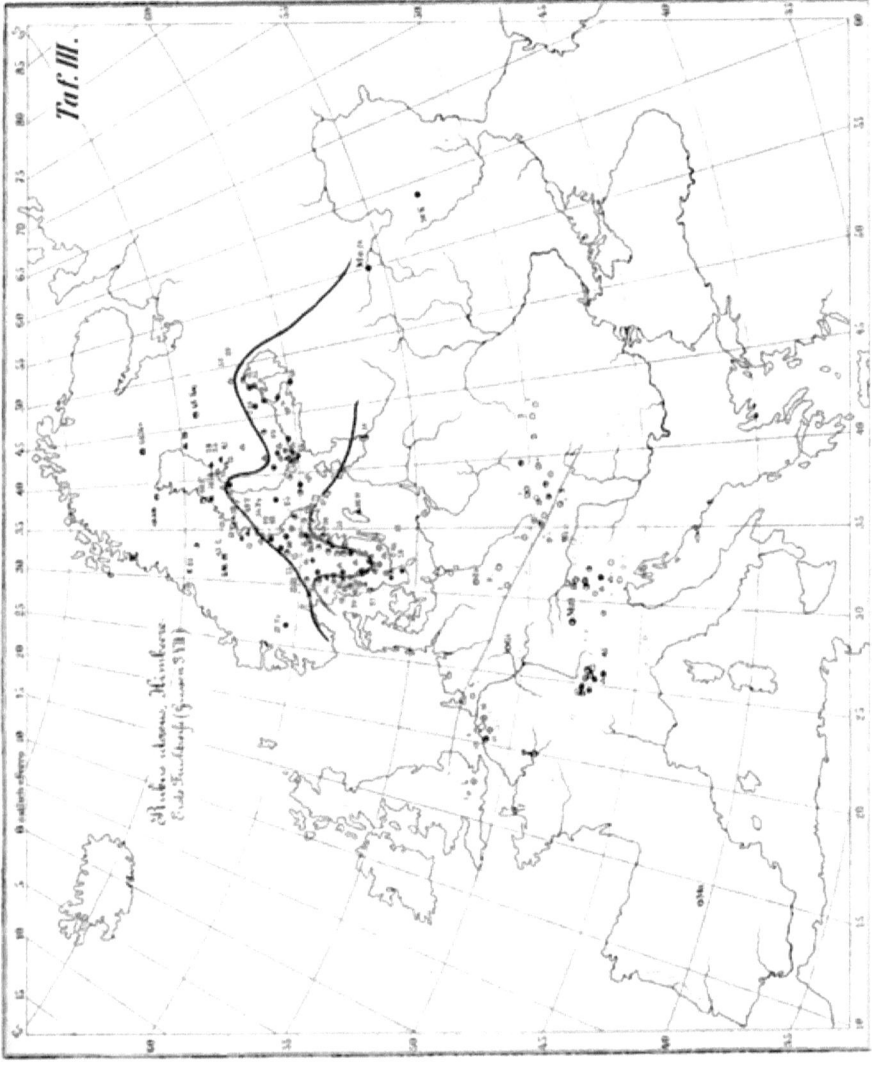

Taf. III.

Arealkarten der phaenol

1. Aesculus Hippocastanum.

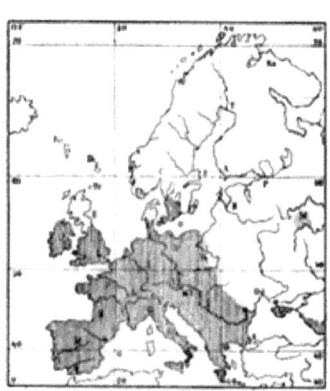

2. Atropa Belladonna.

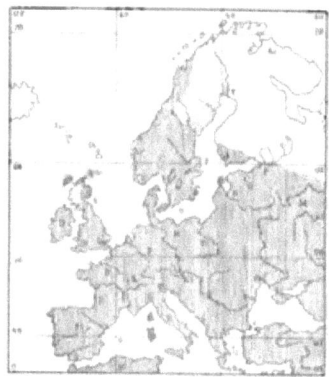

5. Corylus Avellana.

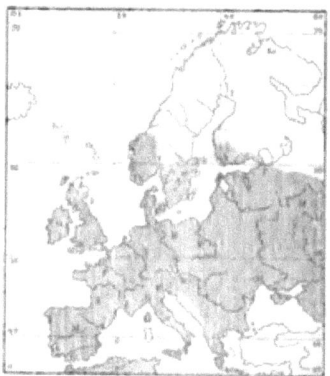

6. Crataegus Oxyacantha.

ogischen Normalpflanzen.

ildert oder cultivirt; ☐ nur cultivirt.

3. Betula alba.

4. Cornus sanguinea.

7. Cydonia vulgaris.

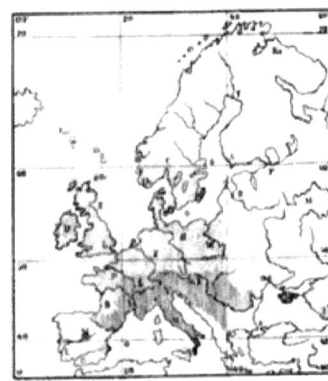

8. Cytisus Laburnum.

Arealkarten der phaenol

Zeichen-Erklärung: ☐ wild, verw

9. Fagus sylvatica.

10. Ligustrum vulgare.

13. Narcissus poëticus.

14. Prunus avium.

gischen Normalpflanzen.

ildert oder cultivirt; [   ] nur cultivirt.

11. Lilium candidum.

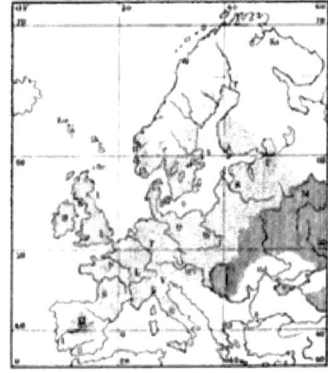

12. Lonicera tatarica.

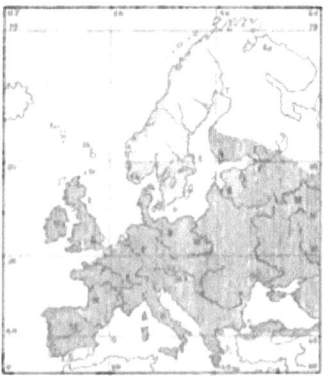

15 Prunus Cerasus.

16. Prunus Padus.

Zeichen-Erklärung: [   ] wild, ve

17. Prunus spinosa.

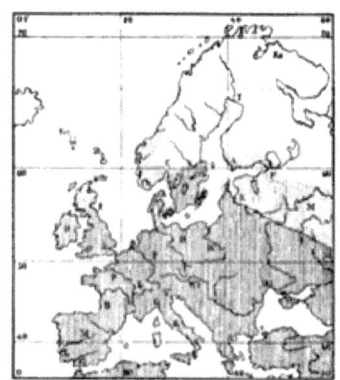

18. Pyrus communis.

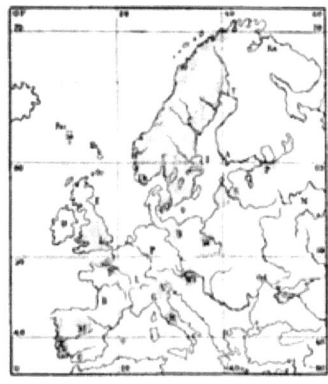

21. Ribes aureum.

22. Ribes rubrum.

gischen Normalpflanzen.

ldert oder cultivirt; [ ] nur cultivirt.

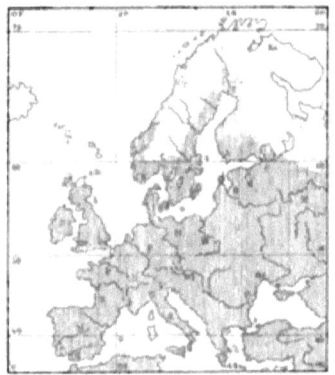

19. Pyrus Malus.

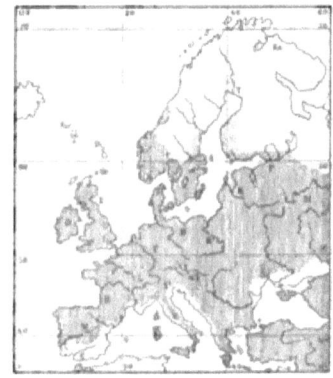

20. Quercus pedunculata.

23. Rubus Idaeus.

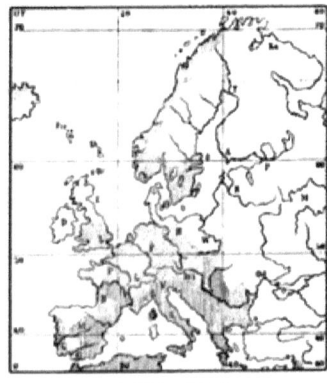

24. Salvia officinalis.

Arealkarten der phaenolo

Zeichen-Erklärung: wild, verwi

25. Sambucus nigra.

26. Secale cereale hybernum.

29. Symphoricarpos racemosa.

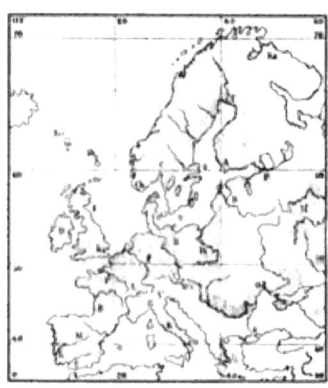

30. Syringa vulgaris.

gischen Normalpflanzen.

dert oder cultivirt; [ ] nur cultivirt.

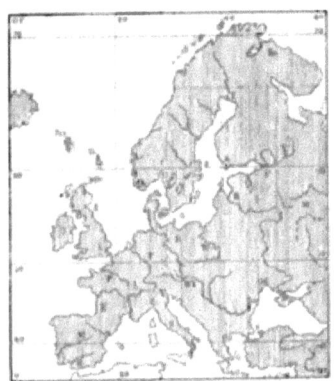

27. Sorbus aucuparia.

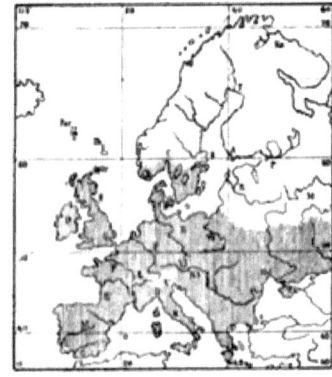

28. Spartium scoparium.

31. Tilia grandifolia.

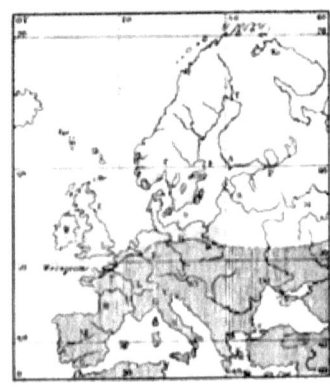

32. Vitis vinifera.